comidacomo**cultura**

Dados Internacionais de Catalogação na Publicação (CIP)
(Simone M. P. Vieira - CRB 8ª/4771)

Montanari, Massimo
    Comida como cultura / Massimo Montanari; tradução de
Letícia Martins de Andrade. – 3.ed. – São Paulo : Editora
Senac São Paulo, 2024.

    Título original: Il cibo come cultura.
    ISBN 978-85-396-4366-0 (Impresso/2024)
    e-ISBN 978-85-396-4365-3 (ePub/2024)

    1. Alimentos - História   2. Hábitos alimentares – História   I. Título.

24-2237s   CDD – 641.509
                                        641.309
                                   CKB000000
                                   CKB041000

Índices para catálogo sistemático:

1. Alimentação : Aspectos culturais e históricos   641.509
2. Alimentos : Aspectos históricos e culturais   641.309

massimo**montanari**

comida**como**cultura

tradução **Letícia Martins de Andrade**

3ª edição

Editora Senac São Paulo – São Paulo – 2024

Administração Regional do Senac no Estado de São Paulo
Presidente do Conselho Regional: Abram Szajman
Diretor do Departamento Regional: Luiz Francisco de A. Salgado
Superintendente Universitário e de Desenvolvimento: Luiz Carlos Dourado

Editora Senac São Paulo

Conselho Editorial: Luiz Francisco de A. Salgado
Luiz Carlos Dourado
Darcio Sayad Maia
Lucila Mara Sbrana Sciotti
Luís Américo Tousi Botelho

Gerente/Publisher: Luís Américo Tousi Botelho
Coordenação Editorial: Verônica Pirani de Oliveira
Prospecção: Andreza Fernandes dos Passos de Paula
Dolores Crisci Manzano
Paloma Marques Santos
Administrativo: Marina P. Alves
Comercial: Aldair Novais Pereira
Comunicação e Eventos: Tania Mayumi Doyama Natal

Edição de Texto: Adalberto Luis de Oliveira
Preparação de Texto: Jandira Queiroz
Coordenação de Revisão de Texto: Marcelo Nardeli
Revisão de Texto: Allanis Carolina Ferreira
Coordenação de Arte, Projeto Gráfico e Capa: Antonio Carlos De Angelis
Editoração Eletrônica: Natália da Silva Nakashima
Ilustrações do Miolo: Bertall, 1825
Impressão e Acabamento: PifferPrint

Traduzido de: *Il cibo come cultura*
© 2004, Gius. Laterza & Figli
Todos os direitos reservados
Publicado em acordo com Marco Vigevani Agenzia Litteraria

Proibida a reprodução sem autorização expressa.
Todos os direitos desta edição reservados à

Editora Senac São Paulo
Av. Engenheiro Eusébio Stevaux, 823 - Prédio Editora
Jurubatuba - CEP 04696-000 - São Paulo - SP
Tel. (11) 2187 4450
editora@sp.senac.br
https://www.editorasenacsp.com.br

© Editora Senac São Paulo, 2024

sumário

Nota da edição brasileira, 7

Apresentação à edição brasileira – *Henrique Carneiro*, 9

Introdução, 15

FABRICAR A PRÓPRIA COMIDA, 19
Natureza e cultura, 21
Natureza também é cultura, 29
Jogar com o tempo, 35
Jogar com o espaço, 43
Conflitos, 47

A INVENÇÃO DA COZINHA, 53
Fogo, cozinha, civilização, 55

Cozinha escrita e cozinha oral, 61

A anticozinha, 71

Assado e cozido, 77

Prazer e saúde, 83

O PRAZER (E O DEVER) DA ESCOLHA, 93

O gosto é um produto cultural, 95

Divagação: o jogo da "cozinha histórica", 103

O gosto é um produto social, 109

Dize-me quanto comes..., 115

... e o quê, 125

Comida e calendário: uma dimensão perdida?, 131

Da geografia do gosto ao gosto da geografia, 135

O paradoxo da globalização, 145

COMIDA, LINGUAGEM, IDENTIDADE, 155

Comer junto, 157

A gramática da comida, 165

Substituições, incorporações, 171

Identidade, troca: tradições e "origens", 183

Raízes (uma metáfora para se usar até o fundo), 189

Guia à leitura, 191

nota da edição brasileira

Decididamente, o estar no mundo sempre exigiu da espécie humana a adaptação dos elementos da natureza às suas necessidades. E a alimentação tem papel fundamental no desenvolvimento dos diferentes grupos humanos, sendo responsável, na verdade, pela própria fundação da cultura, ou das várias culturas estabelecidas pelas sociedades.

A comida é expressão da cultura não só quando produzida, mas também quando preparada e consumida. Segundo o historiador italiano Massimo Montanari, as pessoas não fazem uso apenas do que é oferecido pela natureza, mas criam seus próprios alimentos, preparam-nos por meio de técnicas – hoje bastante sofisticadas – e não comem qualquer coisa, mas escolhem o que lhes convêm segundo critérios também culturais.

Comida como cultura é um livro essencial para aqueles que buscam compreender melhor esse ser que se entende antes de tudo como "ser social", cuja identidade é o resultado de um intenso entrecruzamento desenvolvido ao longo da história. É mais uma contribuição do Senac São Paulo aos estudos do saber humano.

apresentação à edição brasileira

Massimo Montanari, historiador italiano, nascido em Ímola em 1949, é um dos mais importantes pesquisadores da história da alimentação. Seu livro mais conhecido pelo público brasileiro é a enorme coletânea *História da alimentação* (1998), organizada em parceria com o já falecido Jean-Louis Flandrin. De seus mais de dez livros publicados, entretanto, apenas um outro, até agora, havia sido traduzido para o português: *A fome e a abundância: história da alimentação na Europa* (2003). Especializado na época medieval, período sobre o qual leciona na Universidade de Bolonha, Montanari já estudou a alimentação camponesa, o ambiente vegetal, as formas de convívio, a cozinha italiana, entre outros temas.

Todos esses aspectos são aqui reunidos em *Comida como cultura*, publicado na Itália em 2004. Extremamente

comida como cultura

denso de reflexões sobre os significados culturais da comida, mas escrito de forma acessível e num estilo leve, Montanari sintetiza vários assuntos que já explorou mais detidamente em outras obras. Seu valor maior é resumir, de maneira notável, um conjunto de reflexões históricas e antropológicas que vem frequentando as indagações dos historiadores e outros estudiosos do campo da alimentação, fornecendo chaves para a investigação de múltiplos aspectos das sociedades do passado assim como da contemporânea.

A comida para o ser humano é sempre cultura, lembra Montanari, nunca apenas pura natureza. A humanidade adotou como parte essencial de suas técnicas de sobrevivência os modos de produção, de preparação e de consumo dos alimentos, desde o conhecimento sobre as plantas comestíveis até o uso do fogo como principal artifício para transformar o alimento bruto em um produto cultural, ou seja, em comida. A cozinha, assim, funda a própria civilização.

Sua expressão é análoga à própria linguagem, como já propôs Lévi-Strauss, num modelo que Montanari busca reelaborar historicamente. Possui um léxico – os produtos – e uma sintaxe – a refeição – e constitui-se assim como uma gramática complexa, em que a ordem dos pratos segundo critérios de sequência, associação e relação recíproca, identifica sujeitos principais, no caso ocidental especialmente as carnes e o pão, e os seus complementos. Os molhos, sem um sentido autônomo, servem de

apresentação à edição brasileira

elementos de ligação para os conteúdos, como as preposições ou conjunções, enquanto os condimentos adjetivam com qualidades o sentido dos pratos. A retórica é o modo de preparar, servir e consumir, podendo ir do ritualismo silencioso dos monges à voracidade espalhafatosa dos banquetes.

O gosto é, portanto, um produto cultural, resultado de uma realidade coletiva e partilhável, em que as predileções e as excelências destacam-se não de um suposto instinto sensorial da língua, mas de uma complexa construção histórica. As cozinhas típicas e regionais são processos de lentas fusões e mestiçagens, desencadeadas nas áreas fronteiriças e, depois, arraigadas nos territórios como emblemas de autenticidade local, mas cuja natureza é sempre híbrida e múltipla, vide, por exemplo, a chamada "dieta mediterrânea", tributária de heranças tão diversas e remotas como a cultura islâmica ou os produtos americanos.

Diferentemente de nossa cozinha ocidental contemporânea, analítica em sua distinção dos sabores e dedicada a uma busca da naturalidade dos produtos, as cozinhas antigas, medievais e renascentistas se caracterizaram por uma lógica sintética que mesclava sabores com o uso abundante e (para nós) excessivo de especiarias e marcada pela junção dos contrastes, como a mistura de mel e vinagre. Correspondendo a uma noção médica dietética da busca do equilíbrio por meio da presença simultânea de todas as qualidades, essas cozinhas antigas

comida como cultura

permanecem presas a antigas "estruturas do gosto" que não mais podem ser ressuscitadas, pois mesmo a veleidade de uma suposta "cozinha histórica" que pretende preparar na atualidade as receitas antigas não é capaz de recuperar as mesmas sensibilidades dos consumidores de outrora.

Assim a linguagem alimentar representa identidades, posições sociais, gêneros, significados religiosos e, por isso, ela é ostentatória e cenográfica. Porque somos onívoros, podemos escolher, e essas escolhas que marcam fronteiras e indicam pertencimentos são feitas de forma exibicionista, já que, quase sempre, as refeições são públicas. As aves, por exemplo, eram vistas como carnes mais leves, pois voam, e podiam ser comidas por monges, mas as carnes de caça eram emblemas de aristocratas que executavam na sua perseguição rituais belicosos análogos aos da guerra, servindo assim para serem assadas num exercício masculino muito distante da especialização feminina na cozinha rotineira do cotidiano.

O cozinheiro e o médico eram figuras que utilizavam o mesmo referencial da visão de mundo marcada pela teoria hipocrática e galênica da correspondência dos quatro elementos do universo com os quatro humores do corpo humano. A busca do equilíbrio entre o frio e o quente e entre o seco e o úmido torna-se uma linguagem comum de todo o corpo social, e a arte combinatória da escolha dos produtos, das formas de preparo, da ordem e dos horários adequados para consumi-los é a mesma sistemática

apresentação à edição brasileira

que rege as receitas e as dietas médicas, ambas marcadas pela ideia de que o prazer e a saúde seguem juntos. Contra essa visão surgem os adeptos da "anticozinha", que é a recusa penitente de comer certos alimentos ou mesmo de não aceitar nada que não seja inteiramente cru. Eremitas e santos definem, assim, a recusa a um dos fundamentos centrais do convívio, que é a sua mediação pelo alimento e pelo desfrute do prazer intrínseco ao seu preparo cuidadoso.

No Éden original a cozinha não precisava existir, pois, assim como nas mitologias medievais da Cocanha, os alimentos já vinham prontos da própria natureza. O vinho, o leite e o mel corriam nos regatos, e também não era preciso conservar os alimentos, pois não havia inverno no Paraíso. No mundo terreno, para vencer a fome foi preciso vencer o tempo, conservando e estocando. Para essa finalidade, muitos recursos, além do fogo, foram usados: defumação, fermentação, secagem e, particularmente, conservação em sal ou em mel. Além de vencer o tempo, também foi necessário vencer o espaço, transportando os alimentos de sua origem para locais distantes de consumo.

Nessas atividades definiu-se uma cozinha oral, de uso camponês, mas também uma cozinha aristocrática, cujos registros escritos são, em geral, as fontes com as quais os historiadores podem contar para conhecer, por meio das receitas, a cultura culinária das elites do passado.

A existência de uma cozinha estratificada, com formas de preparo e de servir distintas conforme as camadas

comida como cultura

sociais, é, portanto, uma das características marcantes que definem as sociedades mais complexas, e mesmo que o conhecimento preciso do que comiam as camadas subalternas permaneça mais oculto, visto que seus registros deixam menos marcas, seus momentos de carência são evidenciados pelos seus resultados sociais: conflitos e revoltas populares, cujo substrato quase sempre reside nos estômagos mal providos dos que plantavam os alimentos, mas por vezes suportavam a fome.

Além de identificar momentos precisos da história da alimentação, como as crises de fome em Nápoles, no início do século XVII, que levaram à adoção das massas como prato principal, e, posteriormente, no século XIX, à incorporação a elas do molho de tomate, Montanari realizou neste livro, acima de tudo, uma síntese dos temas centrais em debate sobre a história da alimentação e sua relação com a formação das identidades e dos gostos, do local e do global, vinculando a geografia e os sabores, a gramática e a culinária, a cozinha e a medicina, entre outros paralelos instigantes e deliciosamente surpreendentes.

Henrique Carneiro
Historiador

introdução

A ideia de comida remete de bom grado à de natureza, mas o nexo é ambíguo e fundamentalmente inadequado. Na experiência humana, de fato, os valores de base do sistema alimentar não se definem em termos de "naturalidade", mas como resultado e representação de processos culturais que preveem a domesticação, a transformação, a reinterpretação da natureza. *Res non naturalis*, assim definiram a comida os médicos e os filósofos antigos, a começar por Hipócrates, incluindo-a entre os fatores da vida que não pertencem à ordem "natural", mas à ordem "artificial" das coisas. Ou à cultura que o próprio homem constrói e administra.

Tal conotação acompanha a comida ao longo de todo o percurso até a boca do homem. Comida é cultura *quando produzida*, porque o homem não utiliza apenas o que encontra na natureza (como fazem todas as outras espécies animais), mas ambiciona também criar a própria comida, sobrepondo a atividade de produção à de predação. Comida é cultura *quando preparada*, porque, uma vez adquiridos os produtos-base da sua alimentação, o homem os transforma mediante o uso do fogo e de uma elaborada tecnologia que se exprime nas práticas da cozinha. Comida é cultura *quando consumida*, porque o homem, embora podendo comer de tudo, ou talvez justamente por isso, na verdade não come qualquer coisa, mas *escolhe* a própria comida, com critérios ligados tanto às dimensões econômicas e nutricionais do gesto quanto aos valores simbólicos de que a própria comida se reveste. Por meio de tais percursos, a comida se apresenta como elemento decisivo da identidade humana e como um dos mais eficazes instrumentos para comunicá-la.

As considerações que proponho nestas páginas são fruto de pesquisas e reflexões a partir da minha competência específica no âmbito da história medieval, mas desenvolvidas de modo livre e desinibido, com digressões cronológicas e disciplinares em territórios que conheço apenas de modo indireto, mais como turista do que como habitante. Agrada-me, na verdade, faz tempo, enfrentar os temas clássicos da discussão antropológica e sociológica, que sinto como instrumentos indispensáveis para a compreensão dos temas que me são caros. Não excluo o fato, antes estou certo, de ter incorrido em imprecisões e ingenuidades: o próprio conceito de cultura, que

introdução

empreguei em sentido amplo e abrangente, poderia ter sido discutido em termos mais complexos. Contentei-me com uma abordagem mais superficial, limitando-me a repensar, sob novos aspectos interpretativos, as coisas que estudei e sobre as quais refleti nesses anos. Não espero ter dado uma contribuição à discussão teórica sobre o sentido da cultura e das identidades culturais na experiência humana. Estou certo, pelo contrário, de que numerosas sugestões alheias ao meu ofício iluminaram melhor importantes aspectos das histórias registradas aqui.

fabricar a própria comida

natureza e cultura

"[...] e o homem criou suas plantas e seus animais": assim se intitula um livro de Edward Hyams dedicado à invenção da agricultura e das práticas de domesticação. Se às primeiras sociedades de caçadores e coletores bastava o aproveitamento dos recursos naturais, o crescimento da população e a necessidade de conseguir maior quantidade de comida pouco a pouco originaram sociedades diversas, dedicadas à agricultura e ao pastoreio, que produziam a própria comida selecionando os recursos disponíveis e intervindo de maneira mais ativa nos equilíbrios ambientais. Essa passagem da economia de predação para a economia de produção representou uma mudança decisiva na relação entre homens e território e na cultura dos homens. Isso, contudo, não excluiu, por longo tempo, formas "mistas" de aprovisionamento alimentar

fabricar a própria comida

que duraram milênios, mesmo depois da introdução das práticas agrícolas na idade neolítica. Além disso, os dois modelos continuaram a constituir, também em época histórica, dois modos diversos de entender a relação entre homem e meio ambiente, polos extremos de uma dialética de múltiplas implicações materiais e simbólicas que, de alguma forma, chegou até nós.

O ponto de vista do qual partimos hoje pode induzir a erro: o homem da civilização industrial e pós-industrial tentou reconhecer a "naturalidade" fundamental das atividades agrícolas, que consideramos "tradicionais" em relação à nossa experiência e por isso somos levados a interpretá-las como "originárias" e "arcaicas". Em relação à revolução produtiva induzida pelo advento da indústria na era contemporânea, isso pode ser em parte justificado – todavia, a invenção da agricultura foi percebida pelas culturas antigas de modo exatamente contrário. A perspectiva mental dos antigos situou a agricultura como o momento de ruptura e de inovação, como o salto decisivo que constrói o homem "civil", separando-o da natureza, ou seja, do mundo dos animais e dos "homens selvagens" (personagens enigmáticos que voltarão frequentemente nas lendas e nas tradições populares, ao longo de toda a época histórica até os nossos dias). O fato é que a domesticação das plantas e dos animais de certo modo permite ao homem tornar-se dono do mundo natural, declarar-se fora da relação de dependência total em que sempre viveu (ou melhor, imaginava ter sempre vivido: porque

natureza e cultura

também o aproveitamento do território por meio das atividades de caça e coleta exige um saber fazer, um conhecimento, uma *cultura*). Essa ruptura é representada de modo exemplar pela mitologia de muitos povos que se tornaram agricultores sedentários. Nas lendas, nos contos, nos mitos de fundação, eles representaram a invenção da agricultura como um gesto de violência feito à mãe terra, ferida pelo arado, perturbada pelas obras de irrigação e pelos trabalhos de organização agrária: daí os rituais de fecundidade, que tinham ainda a finalidade, implícita ou explícita, de expiar uma sensação de culpa.

A agressividade fundamental do gesto aparece confirmada no plano histórico pelo caráter fortemente expansivo das sociedades agrícolas, que tendem a instaurar mecanismos de crescimento demográfico desconhecidos dos povos de caçadores e coletores: enquanto estes últimos (como demonstram os estudos de etnógrafos realizados sobre grupos remanescentes desse tipo, por exemplo, os pigmeus africanos) observam um rigoroso controle de natalidade para manter estável a densidade da população, que, em caso de crescimento, não poderia sobreviver com aquele tipo de economia, os povos agricultores, ao contrário, desenvolvem, com o sedentarismo, uma tendência ao crescimento e à conquista de novos espaços para cultivar. Por isso, os estudos mais recentes consideram provável que a difusão da agricultura não tenha acontecido em mais lugares contemporaneamente, mas seja, em vez disso, fruto (como demonstram indícios arqueológicos, linguísticos e genéticos) da expansão de grupos humanos a partir de um núcleo territorial bem definido, situado nos planaltos do Oriente Próximo e Médio, o chamado "Crescente Fértil". Aí nasceu a agricultura, há cerca de 10 mil anos, conquistando pouco a pouco os territórios da Ásia centro-oriental (há 9 mil anos) e da América, unida então à Ásia no ponto do atual estreito de Bering (8 mil anos atrás). Na direção oposta, foi colonizada a Europa (entre 8 e 6 mil anos atrás). Sobre as razões para tudo isso, as ideias dos estudiosos são bastante concordantes: a invenção da agricultura deve ter sido fundamentalmente uma questão de necessidade, ligada ao crescimento demográfico e ao fato de que a economia de caça e de coleta não fosse mais suficiente, talvez por causa das mudanças climáticas e ambientais que tinham esgotado as zonas florestais. Depois, o mecanismo demográfico começou a crescer.

Entre as plantas, foram selecionadas as mais produtivas e nutritivas, e sobretudo os cereais receberam atenção privilegiada. Cada região do mundo elegeu seu cereal preferido: o trigo se difundiu na região mediterrânea, o sorgo no continente africano, o arroz na Ásia, o milho na América. Em torno dessas plantas – verdadeiras "plantas de civilização", como as definiu de modo feliz o historiador francês Fernand Braudel –, organizou-se toda a vida daquelas sociedades: relações econômicas, formas de poder político, imaginário cultural, rituais religiosos (destinados a assegurar a fertilidade da terra e a abundância de alimento). A própria invenção da cidade, percebida pelos natureza e cultura

antigos como lugar por excelência da evolução civil (como mostra a coincidência semântica, em latim, entre *civitas* e *civilitas*, "cidade" e "civilização"), não seria possível sem o desenvolvimento da agricultura, seja sobre o plano material (o acúmulo de bens, riquezas, tecnologias), seja sobre o plano mental (a ideia de que o homem se torna senhor de si e se separa da natureza, construindo um espaço *seu* para habitar). Nesse processo de evolução, as sociedades humanas não se adequaram simplesmente às condições impostas pelo ambiente. Modificaram-nas vez ou outra, também de modo profundo, introduzindo culturas fora das áreas originárias e transformando a paisagem em razão disso. Basta pensar na cultura do arroz no nordeste da Ásia ou na viticultura na Europa centro-setentrional – um verdadeiro desafio tecnológico diante das condições ambientais, iniciado na Idade Média e que continuou na Idade Moderna.

É nesse contexto cultural que as primeiras sociedades agrícolas, também enraizadas nos ritmos naturais e no ciclo das estações, elaboram a ideia de um "homem civil" que constrói *artificialmente* a própria comida: uma comida não existente na natureza, que, justamente, serve para assinalar a diferença entre natureza e cultura, serve para distinguir a identidade das bestas daquela dos homens. Na região mediterrânea – a área do trigo –, é o pão que desenvolve essa fundamental função simbólica, além de nutricional: o pão não existe na natureza, e somente os homens sabem fazê-lo, tendo elaborado uma sofisticada

fabricar a própria comida

tecnologia que prevê (desde o cultivo do grão até a preparação do produto final) uma série de operações complexas, fruto de longas experiências e reflexões. Por isso, o pão simboliza a saída do estado bestial e a conquista da "civilização". Nos poemas homéricos, a *Ilíada* e a *Odisseia*, a expressão "comedores de pão" é sinônimo de "homens". Analogamente, na epopeia de Gilgamesh – o primeiro texto literário conhecido, escrito na Mesopotâmia há cerca de 4 mil anos –, conta-se que o homem "selvagem" saiu de seu estado de minoria somente no momento em que soube da existência do pão. Quem o mostra aos homens é uma mulher, aliás, uma prostituta; assim, por um lado, se atribui à figura feminina o papel de guardiã do saber alimentar, além da sensualidade, o que, por outro lado, parece corresponder à realidade histórica: os estudiosos são unânimes ao admitir a primazia feminina na observação e na seleção das plantas que acompanhou o surgimento da agricultura ao redor das primeiras aldeias. Papéis simbólicos idênticos revestem o vinho e a cerveja, bebidas fermentadas que, como o pão, não existem na natureza, mas representam o resultado de um saber e de uma tecnologia complexa: o homem aprendeu a dominar os processos naturais, utilizando-os em benefício próprio.

O que chamamos de *cultura* coloca-se no ponto de intersecção entre tradição e inovação. É tradição porque constituída pelos saberes, pelas técnicas, pelos valores que nos são transmitidos. É inovação porque aqueles saberes, aquelas técnicas e aqueles valores modificam a posição do homem no contexto ambiental, tornando-o capaz de experimentar novas realidades. Inovação bem-sucedida: assim poderíamos definir a tradição. A cultura é a interface entre as duas perspectivas.

natureza também é cultura

No desenvolvimento histórico das sociedades humanas, a economia "doméstica" baseada na agricultura e no pastoreio se contrapõe à economia "selvagem" de apropriação da comida: criar animais ou caçá-los, cultivar os frutos ou apanhá-los em estado selvagem. Sob esse ponto de vista, a contraposição entre os dois modelos alimentares abrange tanto o reino animal quanto o vegetal. Mas uma segunda oposição, paralela à primeira, é aquela entre sedentarismo e nomadismo. E, sob esse ponto de vista, a perspectiva muda, porque o pastoreio e a caça, ambos praticados nos espaços não cultivados e de bosque, acabam por aproximar-se como tipologia econômica (e, por assim dizer, ecológica), opondo-se amplamente à imagem sedentária do cultivo agrícola. Nesse sentido, a dialética cultivos–floresta, que materializa o contraste cultura–natureza, tende a opor plantas e animais, produtos vegetais e produtos à base de carne (ou de origem animal, como os laticínios). Nas sociedades agrícolas e sedentárias, os principais mitos de fertilidade e os rituais que os acompanham têm como protagonistas os cereais e os ciclos das estações do ano. Recordemos a história de Perséfone, filha de Deméter, deusa da terra e da agricultura, raptada pelo deus do mundo inferior, Hades, e devolvida à mãe com a condição de retornar para baixo da terra eternamente durante um terço do ano: história de evidente caráter propiciatório, na qual se representa a trajetória da semente de trigo, enterrada durante a estação fria até que renasça com o sopro da primavera, assegurando, com o crescimento da vegetação, alimento aos homens. Outras plantas, em outras civilizações, têm o mesmo papel: o arroz é o protagonista de muitas lendas e contos asiáticos, enquanto a mitologia dos antigos povos da América dá espaço principalmente ao milho (cuja farinha, segundo uma lenda maia, era utilizada pelos deuses para criar e modelar os homens). Também nas sociedades de caçadores e de pastores aparecem mitos e ritos de idêntico significado propiciatório, que, todavia, têm como protagonistas os animais: por exemplo, entre os povos caçadores da Europa e da Ásia havia o costume de recolher os ossos dos animais mortos (ursos, renas, cervos), evitando que se quebrassem ou se perdessem; eles eram depois sepultados junto com a pele, considerando-se que, se permanecessem intactos, a alma retornaria junto dos ossos do animal, fazendo-o renascer. O mito da prodigiosa regeneração dos animais está presente também nas lendas germânicas, onde encontramos o "grande porco" (antagonista virtual da grande Mãe Terra), que, na corte de Odin, basta para nutrir todos os heróis mortos em batalha, uma vez que "todo dia é cozido e distribuído para a refeição e de noite está novamente inteiro" – assim narra "Edda", o mais antigo poema escandinavo, escrito na Idade Média, mas expressão de uma cultura muito mais antiga, transmitida oralmente.

Esses exemplos ensinam que a contraposição entre cultura e natureza é, em grande parte, fictícia. O homem "civil" se autorrepresenta fora da natureza, mas a própria natureza se torna, na experiência histórica, um modelo cultural consciente, uma escolha intelectual alternativa à da cultura. Isso vale não apenas para as épocas mais remotas, que produziram os mitos e os ritos que acabamos de mencionar, mas também na história recente: na Idade Média europeia, a dinâmica selvagem–doméstico alimenta um contínuo debate sobre os modos de produção e as escolhas de vida que subentendem. Em particular, é muito forte a contraposição entre o modelo produtivo de tradição grega e romana, baseado na agricultura, e aquele germânico, embasado no aproveitamento da floresta (coleta, caça, pastoreio). Mas é justamente na Idade Média que a relação entre aqueles dois modelos alimentares começa a mudar. Até então eles eram o símbolo de duas civilizações diversas, que desprezavam uma à outra como

fabricar a própria comida

inferior e "bárbara". Quando os "bárbaros" invadiram o império e, pouco a pouco, o dominaram, tomando nas mãos as rédeas do poder, sua cultura (também alimentar) se afirmou e, por assim dizer, "virou moda", como sempre acontece com os costumes de vida dos vencedores – ensina o *american way of life* do século XX. Caçar e pastorear nos bosques não foram mais consideradas atividades indecorosas e "incivis", antes se tornaram o esteio de uma nova economia. Ao mesmo tempo, porém, a tradição agrícola romana também se difundiu entre os "bárbaros", tanto pelo prestígio que, de toda forma, aquela tradição conservava quanto por meio da fé cristã, ela própria emergente e "na moda" nos primeiros séculos da Idade Média: o cristianismo, desenvolvido no âmbito cultural mediterrâneo, não por acaso assumiu como símbolos litúrgicos justamente o pão, o vinho e o óleo da tradição grega e latina. Do cruzamento desses dois percursos, que se integraram entre si, teve início, durante a Idade Média, uma nova cultura alimentar, que hoje reconhecemos como "europeia": ela colocava no mesmo plano o pão e a carne, a atividade agrícola e o aproveitamento da floresta. Daquele momento em diante, os dois modelos produtivos não eram mais símbolos de duas opções culturais diversas, mas elementos de um mesmo sistema de valores, baseado na cumplicidade e na sustentação recíproca da economia agrária e da economia florestal, dois modelos de economia que os gregos e latinos tinham contraposto como imagens, respectivamente, da cultura e da natureza, enquanto, na realidade, representavam duas expressões diferentes de cultura, dois modos diversos de construir a relação entre os homens e o meio ambiente. Dessa junção, derivou um regime alimentar caracterizado principalmente pela *variedade* dos recursos e dos gêneros consumidos: variedade da qual brotou a extraordinária riqueza do patrimônio alimentar e gastronômico europeu, que ainda hoje o torna único no mundo.

jogar com o tempo

A dinâmica entre natureza e cultura exprime-se também na problematicidade da relação, por certos ângulos ambígua, instaurada pelas sociedades tradicionais com o tempo, ou seja, com a *sazonalidade* dos produtos alimentares, com os ritmos anuais de crescimento das plantas e dos animais. Harmonizar o melhor possível os ritmos de vida com os da natureza sempre foi uma exigência primária dos homens, que, no entanto, ao mesmo tempo, perseguiram o objetivo de controlar, modificar e, de algum modo, lutar contra os tempos "naturais". Apesar do romantismo de certas imagens que descrevem um equilíbrio, uma simbiose perfeita entre homens e natureza nas sociedades tradicionais, a utopia e o projeto sempre foram os de um mundo em que as estações não existem e o tempo é perfeitamente controlável, porque não está sujeito a

fabricar a própria comida

evoluções e mudanças. O Éden, o paraíso terrestre na narrativa bíblica, não conhece estações: uma eterna primavera permite aos homens ter alimentos sempre frescos, sempre prontos, sempre constantes. O mesmo acontece no país da Cocanha, o lugar mágico da abundância, sonhado pelo imaginário popular das eras medieval e moderna. A ciência e a técnica (primeiramente no âmbito da economia agrícola, depois por meio da Revolução Industrial) sempre estiveram a serviço desse projeto, em duas linhas de ação principais: *prolongar* o tempo; *pará-lo*. As estratégias para alcançar esses objetivos foram, respectivamente, a diversificação das espécies e as técnicas de conservação dos alimentos.

Primeiro objetivo: diferenciar as espécies para fazê-las produzir por muito tempo, pelo maior tempo possível no decorrer do ano. A isso os textos agronômicos de cada época dedicaram extraordinária atenção. A multiplicação do número de espécies cultivadas e os cuidados dedicados à diversificação de seus tempos de crescimento visavam superar também os limites "naturais" de produção: por exemplo, selecionavam-se e cultivavam-se muitíssimas variedades de maçãs, de peras, de outras frutas. *Esticava-se* o tempo para tornar os alimentos disponíveis ao longo de um período de meses, às vezes quase inconcebíveis em relação à experiência de hoje. Diferenciar as espécies, em certas épocas da história, foi uma habilidade reconhecida pelos horticultores especializados: por um lado, célebres foram as experiências de Jean de la Quintinye, "diretor de todos os jardins" do rei Luís XIV, autor da *Instruction pour les jardins fruitiers et potagers* (primeira edição de 1690), considerada a obra-prima da pomologia pré-moderna. De la Quintinye concentrou-se particularmente nas peras, projetando um pomar de quinhentas qualidades que a todo momento do ano estivesse em condições de apresentá-las frescas sobre a mesa do soberano. Esse tipo de cuidado, por outro lado, não era novo: o *Trattato degli alberi* [Tratado das árvores], de Giovanvettorio Soderini, na segunda metade do século XVI, analisa uma grande variedade de espécies cultivadas, determinando para cada uma delas o período de utilização e o melhor emprego alimentar.

Também os cidadãos, em suas modestas possibilidades, sempre seguiram esse caminho: árvores de espécies variadas, na horta ou no campo, bastavam para deslocar temporalmente o crescimento dos frutos. De modo mais geral, os cidadãos buscaram, nos limites do possível, variar os recursos à sua disposição. Penso na multiplicidade dos cereais que se cultivavam na alta Idade Média para compensar os magros rendimentos que ofereciam. Cultivar centeio, aveia, painço[1] ou espelta, assim como trigo e cevada, era um modo de se defender das vicissitudes do clima: os diferentes tempos de crescimento das plantas e

---

1 No original, *miglio*, palavra que pode ser traduzida como "painço", "milhete", "milho miúdo" ou "pão-de-passarinho". Nesta passagem, optamos por "painço", que, no entanto, também corresponde, na língua italiana, a *panico*. (N. T.)

os diferentes tempos de colheita representavam uma medida de prudência para se proteger de eventuais adversidades climáticas, contra as quais a tecnologia era quase impotente. Nas sociedades agrícolas que ainda existem no mundo, a diversificação dos recursos é o primeiro instrumento para garantir alimento à população local (enquanto as monoculturas, funcionais à indústria alimentícia, são fruto de uma colonização econômica e política que cuida de outros interesses).

Segundo objetivo: elaborar métodos eficazes de conservação dos produtos vegetais e animais para poder utilizá-los além de seu ciclo "natural" de crescimento. A alimentação camponesa, em particular, sempre apostou em produtos e alimentos longamente conserváveis, concentrando-se sobretudo naqueles, como os cereais e legumes, que podiam ser conservados por muitos meses, ou até mesmo anos, simplesmente armazenando-os em locais secos, elevados ou subterrâneos. Quanto aos alimentos perecíveis, no decorrer dos séculos muita energia foi dedicada à elaboração de técnicas, as mais diversas, para mantê-los no tempo. "A conserva é ansiedade em estado puro", escreveu o sociólogo Girolamo Sineri. Mas também é uma aposta no futuro: "Quem faria compotas se não tivesse a esperança de viver pelo menos o tempo suficiente para poder comê-las?".

Para conservar os alimentos da maneira como a natureza os produz, na Antiguidade se procurou fazê-lo isolando-os do ar, por exemplo – como aconselhava

Aristóteles –, envolvendo as maçãs em uma camada de argila. Mas o método de conservação mais usado foi o da desidratação, feita com o calor do sol (onde o clima permitia) ou com a fumaça (nos países frios), mas mais normalmente, e em todo lugar, com o sal, protagonista de primeiríssimo plano da história da alimentação justamente porque, além de dar sabor aos alimentos, tem a propriedade de desidratá-los e conservá-los no tempo. Carne, peixe, verduras sempre se conservaram principalmente com o sal, que constituía a principal garantia de subsistência de uma economia rural que não podia confiar no mercado cotidiano ou no capricho das estações. Por isso, com razão, podemos pensar no gosto pelo sal como uma característica de longo período da "cozinha pobre".

Outros procedimentos de conservação foram aqueles à base de vinagre e óleo (o primeiro muito mais acessível que o segundo), de mel e de açúcar. Este último, introduzido na Europa durante a Idade Média, permaneceu por muito tempo como privilégio de poucos e somente no início do Oitocentos foi perdendo seu caráter elitista: delineou-se, portanto, por vários séculos, uma contraposição entre gosto doce e gosto salgado como atributos de modelos alimentares socialmente diferenciados. Em geral, porém, todas essas substâncias (tanto o sal quanto o açúcar, tanto o mel quanto o vinagre e o óleo) tornavam conserváveis os produtos somente a custo de *modificar* de modo mais ou menos radical o seu gosto de origem. O mesmo princípio – manipular e modificar as

fabricar a própria comida

qualidades naturais dos alimentos – valia para uma técnica tão difundida quanto a da fermentação, decisiva do ponto de vista cultural (e simbólico, se quisermos) como expressão da capacidade humana de reverter em benefício próprio, controlando-o, um processo natural negativo, como aquele da putrefação. Dessa capacidade nasceram invenções extraordinárias como o queijo e os outros derivados do leite, os presuntos e os outros embutidos que integram a fermentação com o salgamento. A fermentação ácida de verduras como a couve foi empregada nas regiões centro-setentrionais da Europa (chucrute), assim como na China, no Japão e em outras regiões do mundo.

Somente o uso do frio (além das técnicas "de vedação" de que falava Aristóteles) podia permitir formas de conservação que respeitassem mais a natureza original dos produtos. Desde a Idade Antiga, neve e gelo foram recolhidos e utilizados para esse fim, quer em estruturas privadas ("geladeiras" de casas particulares ou empresas agrícolas), quer pela iniciativa pública (em Paris, a última "geladeira" pública foi construída na metade do Oitocentos). A indústria do frio, que justamente no decorrer do Oitocentos colocou à disposição os primeiros frigoríficos, e mais tarde os congeladores, marcou uma virada decisiva em direção à possibilidade de conservar os alimentos sem alterar seu sabor de base.

Os métodos de conservação dos alimentos, aprimorados pelo impulso da fome, rapidamente ultrapassaram tal dimensão com um tipo de transferência tecnológica que os viu aplicados à alta gastronomia: assim nasceram muitos "produtos típicos" que constituem uma parte decisiva do nosso patrimônio gastronômico. Revelam-se, dessa forma, vínculos talvez insuspeitos entre o mundo da fome e o mundo do prazer.

A invenção não nasce apenas do luxo e do poder, mas também da necessidade e da pobreza – e esse é, no fundo, o fascínio da história alimentar: descobrir como os homens, com o trabalho e com a fantasia, procuraram transformar as mordidas da fome e as angústias da penúria em potenciais oportunidades de prazer.

jogar com o espaço

A luta pelo domínio do espaço é um tipo de alternativa (ou de variante) ao jogo do tempo: arranjar comida de outros lugares mais ou menos distantes, empenhando-se em derrotar as restrições do território, além de derrotar a variabilidade sazonal dos produtos. É uma prática antiga que permaneceu por milênios como um privilégio social, aliás, um *sinal* do privilégio social. Como escreve Cassiodoro, ministro do imperador Teodorico (século VI d.C.): "Apenas o cidadão comum se contenta com o que o território fornece. A mesa do príncipe deve oferecer de tudo e suscitar maravilha somente ao se vê-la". Dessa forma, representa e celebra a sua diversidade.

A ação sobre o espaço e a ação sobre o tempo se cruzam e se reforçam alternadamente. Mas, com o passar dos séculos, a primeira tende a se tornar progressivamente mais importante que a segunda: o fenômeno é visível já na Idade Média, com a ampliação das correntes comerciais, e fica cada vez mais evidente com as viagens ao redor do mundo, que se multiplicam a partir do século XVI. O passo decisivo é a revolução nos transportes, induzida pela industrialização oito-novecentista, que permite resolver *alhures* os problemas do aprovisionamento alimentar, tornando menos determinantes as técnicas de diversificação produtiva e aquelas de conservação ou, pelo menos, combinando-se a elas com um peso cada vez mais significativo. A relação dos homens com o espaço, enfim, modificou-se radicalmente, ampliando-se até culminar na lógica da "aldeia global". Hoje, nos países industrializados, é possível encontrar produtos frescos em todas as épocas do ano, empregando o sistema-mundo como área de produção e de distribuição. Isso constitui uma verdadeira revolução se nos referimos à nova dimensão planetária da economia alimentar e à amplidão do corpo social envolvido (pelo menos nos países ricos, os mecanismos do mercado global e a drástica diminuição dos custos ampliaram potencialmente a faixa dos consumidores à quase totalidade da população). No plano cultural, todavia, essa revolução é apenas aparente: as necessidades e os desejos que ela satisfaz são necessidades e desejos antigos, mesmo que antigamente se realizassem em espaços mais limitados e para um número mais restrito de consumidores.

jogar com o espaço

A propósito desses temas refletia perspicazmente Bartolomeo Stefani, cozinheiro-chefe na corte mantuana dos Gonzaga no século XVII e autor de um importante tratado de cozinha que destacava como os alimentos nunca são, a rigor lógico, "contraestação". Não se espantem, escrevia ele, se "nestes meus discursos, em certos momentos, peço algumas coisas, como aspargos, alcachofras, ervilhas [...] nos meses de janeiro e fevereiro, e coisas semelhantes que, à primeira vista, parecem contra-estação". Não se espantem se, em 27 de novembro de 1655, no banquete preparado em honra da rainha Cristina da Suécia, de passagem por Mântua durante a viagem que a levava a Roma, mandei servir como primeiro prato (em 27 de novembro!) morangos ao vinho branco. A Itália (hoje diríamos: a Terra) é tão rica de coisas boas que seria um pecado não levá-las para a mesa dos gastrônomos. Diante de tal abundância – aqui Stefani apresenta uma lista de especialidades regionais –, por que se fechar em seu próprio e pequeno horizonte? Por que se limitar ao "pão da cidade natal"? Na realidade, eles têm "bons cavalos e boa bolsa" (dito de outra forma: rápidos meios de transporte e adequada disponibilidade de dinheiro), o suficiente para encontrar *noutros lugares*, frescas e em qualquer estação, "todas aquelas coisas que eu sugiro".

fabricar a própria comida

Bons cavalos e boa bolsa: os cargueiros e os TIR[1] que abastecem nossos supermercados, fazendo cair, juntamente com os preços, as imagens de prestígio que desde sempre acompanharam os produtos exóticos. Hoje, a distinção se deslocou para outro lugar: paradoxalmente, para o "território" longamente desonrado. Mas voltaremos a falar sobre isso.

---

1 Sigla para Transports Internationaux Routiers, que pode se referir à convenção que regula o transporte internacional de mercadorias sobre rodovias e ferrovias na Europa ou aos próprios caminhões e trens que o fazem, como nesse caso. (N. T.)

conflitos

"[...] e o homem criou suas plantas e seus animais." Mas historicamente aquele homem não existe, é uma abstração que se encarna em homens concretos, que vivem (no plural) em sociedades mais ou menos complexas, nas quais os choques de poder e os conflitos pelo controle dos recursos são uma realidade permanente. Sob essa luz, devemos reconsiderar muitas das coisas já ditas, observando, em linha geral, que os conflitos assumem características diversas de acordo com o seu desenvolvimento em comunidades social e culturalmente coesas, ou envolvem relações de natureza diversa entre comunidades e culturas diferentes.

Nas sociedades mais simples, a contraposição acontece entre classes dominantes e classes subalternas em cada comunidade e em cada território. Por exemplo, a sociedade feudal europeia da Idade Média vê emergir um grupo dominante de "senhores" que controlam o trabalho camponês, a exploração da floresta, as trocas comerciais, ou seja, os nós da produção e da economia alimentar. Nesse contexto, as revoltas ou, mais frequentemente, os protestos camponeses (que raramente assumem o peso e a amplidão das verdadeiras revoltas), têm como objeto a manutenção dos direitos adquiridos, quando estes são colocados em discussão: isso acontece particularmente quando o privilégio senhorial tende a excluir o uso do bosque de usufruto coletivo, reservando para si os direitos de caça ou de pastagem. Como observou Rodney Hilton, a popularidade de lendas como a de Robin Hood reflete não apenas o fascínio das aventuras às margens da civilização, mas também "a imagem utópica de um mundo em que se pudesse livremente ir à caça e comer carne". A liberdade de acesso aos recursos naturais é um motivo central nas reivindicações dos camponeses ingleses em 1381, e também na Alemanha em 1525.

Na Itália, país de tradição urbana mais forte e decisiva, formas análogas de domínio são exercidas por parte da cidade sobre o território circunstante, que, na Idade Média, assume o nome de "condado" (donde "camponês").[1] Este se delineia como espaço de controle civil sobre todas as

---

1 A palavra italiana *contado* significa "campo", "interior" e também "condado"; *contadino* é o habitante do *contado*, o camponês. (N. T.)

fases da produção alimentar: trabalho dos camponeses, distribuição dos produtos por meio dos mercados, manufaturas alimentícias. Também nesse caso, um grupo dominante (a classe que está no poder nas cidades) consegue impor uma "ordem" alimentar que tem como primeiro objetivo a satisfação das próprias necessidades (o aprovisionamento dos produtos para os mercados e consumos urbanos), não raramente em detrimento dos consumos da comunidade rural dominada. As tensões explodem sobretudo nos casos de penúria alimentar ou de carestia, quando os habitantes do condado se aglomeram às portas da cidade em busca de comida e – nos casos mais dramáticos – são violentamente expulsos.

Mais complexos são os conflitos "transversais" verificados não em uma única agregação social e política, mas entre uma sociedade (o seu grupo dominante) e outra. Ainda nos referindo aos exemplos precedentes, se um senhor feudal ou uma cidade controla os recursos alimentícios do território dominado, ao mesmo tempo detonam tensões e conflitos com outros senhores ou outras cidades que podem levar a uma relação dominante–dominado entre as duas instituições paralelas. Entre os senhores donos de castelos se implementa, no arco cronológico compreendido entre os séculos X e XII, um processo de seleção que constrói hierarquias precisas, não apenas políticas, mas econômicas entre os vários domínios. O mesmo acontece entre as cidades: as maiores colocam as menores sob seu controle, de modo que, por exemplo, *fabricar a própria comida*

depois da metade do século XIII, Bolonha impõe aos centros dominados o pagamento anual de certa quantidade de grãos e de outros alimentos, que *devem* ser entregues mesmo quando não houver disponibilidade por causa de uma colheita deficitária. Nesse último caso, as comunidades dominadas são obrigadas a buscar outros lugares para adquirir os produtos em mercados externos, talvez utilizando dinheiro emprestado da própria dominante: por exemplo, Bolonha emprestava dinheiro à cidade de Ímola para adquirir produtos na Romagna ou na região de Marche, instaurando uma forma de controle também financeiro sobre a cidade dominada.

Na época do desenvolvimento dos Estados nacionais ou, de todo modo, dos sistemas políticos mais complexos, a relação dominante–dominado se aplica também em maior escala. Típico é o caso da Inglaterra moderna, que, por meio da classe dos proprietários de terras, exerce um controle estreito sobre os recursos alimentares irlandeses, canalizando para si os produtos de prestígio (carnes, trigo, etc.) e deixando no lugar, destinados aos consumos locais, somente os produtos de menor valor comercial e nutritivo. Graças a esse mecanismo, no decorrer do século XIX, os cidadãos irlandeses chegaram a consumir quase exclusivamente batatas, de modo que a dupla carestia de 1846-1847 ou os dizimou ou os obrigou a emigrar para além-mar: não por falta *absoluta* de comida, mas porque o sistema econômico-alimentar era governado por um rígido domínio do mais forte sobre o mais fraco.

Por outro lado, no início do século XVI, os mecanismos de controle do espaço alimentar tinham se ampliado em escala mundial com a afirmação do domínio europeu (Estados e companhias privadas de exploração) no continente asiático e, depois da "descoberta" de Colombo, no continente americano. Em todas as latitudes, os equilíbrios econômicos e as estruturas produtivas do "novo continente" foram deturpados para uso dos dominadores europeus, que utilizaram os territórios conquistados como espaços produtores de comida, exportando para além-mar todos os produtos fundamentais da dieta europeia, plantas e animais: antigas plantas mediterrâneas (a clássica "tríade" trigo-videira-oliveira), bem como os principais animais de pastagem (bois, cavalos, porcos), passaram naqueles anos para além do grande oceano. O mesmo aconteceu com o café e a cana-de-açúcar, produtos de origem centro-oriental que os árabes e os turcos haviam apresentado ao Ocidente e que os ocidentais não demoraram a introduzir nas colônias americanas, satisfazendo os novos desejos do velho continente, iniciando um importante capítulo na história da colonização e do escravismo. Menos devastadora foi a transformação das economias asiáticas, que foram, todavia, também elas, amplamente condicionadas pelos interesses das companhias comerciais e pelos consumos dos europeus.

O choque entre países ricos e países pobres, que, apesar da boa vontade de poucos e do ambíguo paternalismo de muitos, revela, cada vez mais claramente, o gigantesco conflito de interesses opostos que caracteriza a sociedade atual, é quase a versão ampliada – fruto da economia-mundo –[2] dos conflitos pelo controle e pelo uso dos recursos alimentares que desde sempre acompanharam a história dos homens. De toda forma, mesmo no contexto extremamente modificado, tudo isso reapresenta o tema da luta de classes de acordo com aquilo que McLuhan definiu como "aldeia global".

---

2 Conceito proposto por Fernand Braudel. (N. T.)

a invenção da cozinha

fogo, cozinha, civilização

O que distingue a comida dos homens da dos outros animais?

O homem – como ilustramos nas páginas anteriores –, além de consumir recursos disponíveis na natureza, aprende a produzi-los, ele mesmo, com a prática da agricultura e da pecuária. Isso, no entanto, diz respeito à fase preliminar de localização do alimento, não às modalidades de seu consumo. Além disso, o homem, sendo onívoro, seleciona o alimento com base em preferências individuais e coletivas ligadas a valores, significados, gostos cada vez mais diversificados. Tudo isso (sobre o que refletiremos mais adiante), porém, não basta para identificar o modo de comer da espécie humana, porque também as outras espécies animais, ainda que de modo elementar, desenvolvem hábitos precisos e gostos diferenciados.

a invenção da cozinha

Então, o principal elemento de diversidade consiste no fato de que o homem, e somente ele, é capaz de acender e de usar o fogo, e essa tecnologia lhe permite, juntamente com outras, *fazer cozinha*. Cozinhar é atividade humana por excelência, é o gesto que transforma o produto "da natureza" em algo profundamente diverso: as modificações químicas provocadas pelo cozimento e pela combinação de ingredientes permitem levar à boca um alimento, se não totalmente "artificial", seguramente "fabricado". Por isso, nos antigos mitos e nas lendas de criação, a conquista do fogo representa (simbolicamente, mas também materialmente, tecnicamente) o momento constitutivo e fundador da civilização humana. O cru e o cozido, aos quais Claude Lévi-Strauss dedicou um ensaio famoso, e com razão, representam os polos opostos da contraposição – por outro lado, ambígua e nada simples, como vimos – entre natureza e cultura.

Na mitologia grega, o fogo pertence somente aos deuses, mas apenas até o momento em que o gigante Prometeu revela o seu segredo aos homens. É um gesto de piedade em relação a esses seres nus e indefesos, dos quais o seu irmão Epimeteu, encarregado de distribuir as várias habilidades entre os seres vivos, tinha se esquecido: para remediar essa distração, Prometeu rouba o fogo na oficina do deus Hefesto e o presenteia aos homens. Dessa forma, ele se torna o verdadeiro artífice da civilização humana, que, com o novo instrumento, consegue se elevar do plano animal e aprender as técnicas de domínio da natureza. O controle do fogo em qualquer medida permite ao homem tornar-se divino, não ser mais submisso, mas senhor dos processos naturais, que ele aprende a controlar e a modificar. Por isso, Prometeu causa a ira dos deuses e é exemplarmente punido.

A claríssima carga simbólica do acontecimento, celebrado e representado pelo mito, reflete-se na imagem da cozinha, que, ligada ao uso do fogo, torna-se um elemento fundamental constitutivo da identidade humana. Daquele momento em diante, não é mais possível dizer-se homem sem cozinhar a própria comida, e a rejeição da cozinha assume (como veremos) um significado de contestação da "civilização", exatamente como a rejeição do doméstico nas práticas de produção do alimento.

A ideia do artifício, que transforma a natureza, preside por séculos a atividade do cozinheiro. Formas, cores, consistências são modificadas, plasmadas, "criadas" com gestos e técnicas que subentendem uma distância programática da "naturalidade". O cozinheiro "típico" das culturas pré-modernas, pelo menos até o século XVII, é um *artista* que não respeita em nada as qualidades originais dos produtos. A ideia de uma cozinha "natural", quando e onde se afirma, subverte essa imagem e propõe uma nova ideia (positiva, mais que negativa) da natureza. Isso aconteceu várias vezes na história, no passado e, sobretudo, hoje.

É necessário, todavia, precisar que o fogo e a cozinha não coincidem sempre. Por um lado, definir o ato

a invenção da cozinha

culinário simplesmente como a transformação dos alimentos por meio do fogo parece redutivo. Assim, se excluiriam do âmbito da "cozinha" todas as preparações que não exigem algum tipo de cozimento, por exemplo, as refinadas técnicas utilizadas pelos cozinheiros japoneses na preparação do peixe cru. Ninguém ousaria afirmar que essa prática não é pertinente à grande cozinha, e, mesmo assim, ela não pressupõe o uso do fogo.

Inversamente, há quem acredite que o cozimento dos alimentos não seja, por si, sinônimo de cozinha. Como sublinhou Françoise Sabban, na tradição chinesa, "cozinhar" e "fazer cozinha" são noções muito diferentes entre si: a primeira implica simplesmente a capacidade de empregar o fogo (não suficiente, nessa perspectiva, para definir um âmbito de "civilização"), enquanto a segunda pressupõe uma habilidade técnica rica de implicações estéticas e artísticas. A essa diferença aludia o escritor chinês Lin Yutang, quando, em um ensaio de 1936, confrontava a excelência da cozinha chinesa com a pobreza de uma "cozinha ocidental" (na realidade anglo-saxã) que conhecia uma única palavra, *cooking*, para indicar ambas as atividades do "cozinhar" e do "fazer cozinha". Aos olhos de Lin, isso significava uma abordagem banal da comida, destinada unicamente a tornar comestíveis os alimentos.

Essa distinção apresenta ainda outro elemento de incerteza na nossa discussão. Ela não impede que, na representação simbólica que os homens historicamente fizeram de si, o domínio do fogo e o cozimento dos alimentos tenham sido percebidos como o principal elemento de construção da identidade humana e de evolução do estado "selvagem" ao de "civilização". Todavia, a distinção de Lin Yutang nos faz refletir sobre a multiplicidade de significados da palavra "cozinha", que, com efeito, designa uma ampla gama de possibilidades, da mais simples à mais complexa, das práticas cotidianas das donas de casa às exibições de virtuosismo dos grandes especialistas.

Em geral, a cozinha pode se definir como um conjunto de técnicas dirigidas à preparação dos alimentos. Mas, mesmo em uma acepção assim tão ampla e tão simples, observa-se que, de acordo com as sociedades, as épocas e os lugares, o conjunto dessas técnicas pode ser mais ou menos inclusivo, ou seja, pode compreender um número muito variável de operações em razão da especialização das atividades, de seu maior ou menor nível de profissionalização, de sua eventual integração com a economia comercial. Por exemplo, atividades como o abate e o corte da carne, a moagem ou a pisa são excluídas das práticas cotidianas de cozinha nas sociedades europeias contemporâneas, enquanto antigamente faziam e ainda hoje fazem parte dessas práticas em numerosas sociedades camponesas tradicionais. Em todo caso, a complexidade das operações de cozinha não está ligada (como erroneamente poderíamos pensar) ao plano profissional dos cozinheiros: pelo contrário, é justamente para preparar os alimentos de subsistência mais comuns que as técnicas manuais mais complexas foram adaptadas, aquelas

a invenção da cozinha

que exigem mais tempo e maior habilidade. Basta pensar nas longas operações exigidas para preparar a *tortilla* no México ou o *cuscuz* no norte da África, para moer o milho na África central, para tornar comestíveis os tubérculos de mandioca na Oceania. Operações como essas exigem horas e horas de trabalho altamente especializado, desenvolvido corriqueiramente pelas mulheres (protagonistas, desde sempre, do trabalho de cozinha e detentoras das técnicas que o definem) e transmitido simplesmente por meio da prática e da imitação. Nas sociedades tradicionais, tudo isso está organicamente incluído na ideia de cozinha, enquanto nos países industrializados o conjunto das técnicas necessárias para a preparação das comidas corriqueiras é muito mais limitado e rápido, dado que um grande número de incumbências preliminares é executado por profissionais e pela indústria agroalimentícia. Além disso, nos países industrializados, a atividade culinária tende a sair do âmbito doméstico para se tornar uma profissão exercida nos locais públicos do setor de restaurantes. Nessa nova dimensão profissional, a cozinha tende a mudar de sexo: de prática feminina, passa a ofício exercido prevalentemente por homens.

cozinha escrita
e cozinha oral

A contraposição entre diversos tipos de sociedade e de cozinha, que acabamos de descrever em suas linhas essenciais, foi objeto de reflexões por parte de vários estudiosos, entre os quais o sociólogo inglês Jack Goody. Segundo esses sociólogos, somente as sociedades complexas, fortemente hierarquizadas e estatizadas (aquelas que se desenvolveram historicamente na Europa e na Ásia), tiveram condições de produzir uma cozinha profissional, claramente distinta da doméstica. Pelo contrário, a maior parte das sociedades tribais ou debilmente estatizadas da África não conheceu outra cozinha além daquela preparada pelas mulheres no contexto familiar. Goody acrescenta que somente nos países de longa tradição escrita pôde se desenvolver um gênero de literatura técnica, o tratado culinário, que permitiu tesaurizar as receitas de *a invenção da cozinha*

cozinha. E, com a construção de uma memória escrita da cozinha, que torna possível o desenvolvimento cumulativo dos conhecimentos, se concretiza um verdadeiro saber constituído, o que não se verifica, pelo menos em forma material e tangível, nas sociedades de tradição oral. A cozinha escrita permite codificar, em um repertório estabelecido e reconhecido, as práticas e as técnicas elaboradas em determinada sociedade. A cozinha oral teoricamente está destinada, em longo prazo, a não deixar traços de si.

Esse destino pareceria opor não apenas as sociedades de tradição escrita àquelas de tradição oral, mas também os diversos grupos sociais no interior das mesmas sociedades: é claro, de fato, que também as sociedades de tradição escrita, como as europeias, por muito tempo transmitiram somente, ou principalmente, textos produzidos pelas e para as elites sociais, as aristocracias da corte e para outras altas castas civis. As classes subalternas, que não confiavam a própria experiência ao âmbito escrito, mas à transmissão oral, aparentemente não nos deixaram nada. Por exemplo, o que podemos saber sobre a cultura alimentar camponesa da Idade Média?

Reconhecer o papel específico da sociedade camponesa nas estruturas da produção alimentar, nas modalidades e nas diferenças do percurso distributivo, nos valores simbólicos atribuídos a comportamentos e consumos não é simples, mas, no fim das contas, emerge, por si, da documentação. Mais difícil é ter acesso à esfera da cozinha, dos modos de preparo, do gosto alimentar (que não podemos considerar exclusivo das classes superiores). Se dermos por certo que a cultura escrita foi produzida pelas classes dominantes para as classes dominantes, e estando (obviamente) a fonte oral inacessível ao historiador que não se ocupe da contemporaneidade, disso decorre que somente a cozinha dos poderosos nos foi transmitida, talvez de modo descontínuo, pelas fontes documentais e literárias, enquanto, a propósito da cozinha pobre, estamos destinados a calar ou, no máximo, a formular hipóteses interpolando fragmentos esparsos de realidade histórica. Mas uma leitura mais atenta das fontes pode sugerir pistas diversas. Mesmo que os textos escritos nunca sejam expressão *direta* de uma cultura popular, eles, todavia, a representam com fidelidade muito maior do que poderíamos esperar. Nos livros de receitas medievais, e nos de idade renascentista que constituem sua continuação lógica, percebe-se um entrelaçamento contínuo entre a cozinha de elite – aquela explicitamente representada – e um tipo diverso de cozinha de algum modo imputável à cultura popular.

O fato é que a cultura aristocrática e burguesa, enquanto constrói barreiras comportamentais intransponíveis – e, em primeiro lugar, alimentares – entre classes dominantes e classes dominadas, não exclui uma convergência cotidiana dos gostos e dos hábitos. A rigidez dos esquemas simbólicos que opõem o estilo de vida dos camponeses àquele dos senhores (ou dos cidadãos, de acordo com uma variante tipicamente italiana) convive serenamente com a presença de produtos e de sabores "camponeses" na cozinha de elite. Antes, em alguma medida a pressupõe: justamente a contaminação *real* entre as duas culturas torna de certa forma indispensável a construção de barreiras ideológicas, de símbolos de diferença e separação. Diante de alimentos que na mentalidade coletiva (ou pelo menos na das classes dominantes) gozavam de uma imagem "tipicamente camponesa", as elites recorriam a algumas medidas simples para modificar tal imagem e torná-la compatível com a área social do privilégio. Dessas medidas, que se revelam um indício excepcional para a reconstrução da cultura oral e popular, os livros de receitas representam um formidável e menosprezado testemunho.

O mais antigo livro de receitas italiano, o meridional *Liber de coquina* [Livro de cozinha] (séculos XIII-XIV), começa pelas verduras, e o faz de propósito, intencionalmente: "Querendo aqui tratar da cozinha e dos diversos alimentos, começaremos primeiramente pelas coisas mais fáceis, ou seja, pelo gênero das hortaliças". Seguem dez receitas diferentes de couve, antes de passar ao espinafre, à erva-doce,[1] às "folhas miúdas" e, mais adiante, ao tratamento dos legumes: grão-de-bico, ervilha, fava, lentilha, feijão. Atenção: nas representações literárias – na *ideologia* alimentar da Idade Média –, todos esses alimentos

---

1 Também conhecida como funcho. (N. T.)

cozinha escrita e cozinha oral

pertencem ao universo camponês. Mas a cozinha do *Liber* é uma cozinha expressamente destinada à classe senhorial: a diferença entre discurso e prática, entre códices pensados e hábitos reais é evidente. O contraste é forte e necessita de sinais igualmente fortes para sair da ambiguidade, para se adequar a imagens politicamente corretas.

O primeiro sinal é aquele das *aproximações* e das modalidades de uso, que esclarece imediatamente a destinação social da comida. O produto humilde é enobrecido ao participar de um diverso sistema gastronômico e simbólico como simples ingrediente (não mais protagonista) de pratos de prestígio. Como escreve, no século XV, o bolonhês Sabadino degli Arienti, o alho "é sempre comida rústica", mas "às vezes artificialmente se torna decoroso, quando colocado no corpo dos marrecos assados". No momento em que o alho é colocado num marreco assado, sua natureza camponesa "artificialmente" se modifica. Por isso, a alhada, o molho à base de alho macerado no pilão, típica da cozinha camponesa, pode aparecer também nos livros de receita das classes altas: tudo está no que a acompanha. Um livro veneziano do Trezentos a propõe "para todo tipo de carne". Analogamente, a receita da "couve delicada para uso dos senhores" constante no *Liber de coquina* precisa a destinação do uso da humilde hortaliça como guarnição nos pratos de carne: *cum omnibus carnibus*.

O segundo sinal do enobrecimento, além do jogo das aproximações, é o *enriquecimento* do produto pobre com

a invenção da cozinha

um ingrediente precioso – sobretudo as especiarias. Considere-se essa receita de um livro toscano do Trezentos: "Pegue *raponcelli*,[2] bem fervidos em água, e leve para fritar com óleo, cebola e sal e, quando estiverem cozidos e preparados, coloque-os com especiarias numa tigela". A lógica do discurso é clara: uma vez condimentada, qualquer comida é digna da mesa senhorial. Mas isso implica uma base comum de cultura gastronômica, uma transversalidade social de práticas e de hábitos alimentares. A mesma tendência encontramos nos livros de receitas quatrocentistas e quinhentistas, que retomam e ampliam a tradição inteiramente popular das ervas na cozinha: couve, nabo, erva-doce, cogumelo, abóbora, alface, salsa e todo tipo de "ervas aromáticas", além de legumes como a fava e a ervilha, estão na base de muitos preparados (sopas, tortas, fritadas) sugeridos pelo livro de receitas de mestre Martino, o mais prestigioso cozinheiro italiano do século XV.

Se a centralidade das verduras é uma das características dominantes da cozinha popular (e por isso é importante verificar sua presença nos receituários da corte), as comidas pobres por excelência são as polentas e as sopas de cereais inferiores, de legumes, de castanha, elemento-chave de uma cozinha caracterizada sobretudo pela

---

2 No dialeto toscano, a palavra *raponcelli* tem um sentido geral referente a tubérculos. Embora o texto medieval não especifique a qual tipo de tubérculo se refere, pode-se pensar em nabos e rabanetes, cujos vocábulos italianos têm a mesma raiz: *rapa(o)*. (N. T.)

cozinha escrita e cozinha oral

necessidade de encher a barriga para afastar o fantasma da fome e garantir a sobrevivência diária. Contudo, mesmo essa cozinha pobre deixou traços importantes nos receituários dirigidos às classes altas. As "favas quebradas" sugeridas no início do Trezentos pelo *Liber de coquina* são apenas uma papa de fava, como aquela que, de vez em quando sob o nome de *"macco"*,[3] uma ampla literatura nos atesta ser típica da alimentação camponesa. Igualmente significativo, o "mingau de farinha com leite" sugerido pelo receituário toscano: lavar e amassar o "legume" (assim o define o texto, identificando o painço com os legumes), aferventá-lo e misturá-lo ao leite e ao toucinho. Receita realmente pobre, não fosse o fato de que, em vez de constituir o principal prato da refeição – como acontecia nas casas dos camponeses –, esse "mingau de farinha" serve como acompanhamento para algo mais rico e nutritivo: "Essa comida você pode comer com cabrito assado".

Os receituários sugerem ainda papas à base de aveia, cevada, painço, apresentados vez ou outra como pratos "para os doentes", ou seja, simples, essenciais, sem condimentos, mas, justamente por isso, próximos do modelo de consumo popular. Espelta, painço e legumes aparecem nas receitas de mestre Martino, e encontramos

---

3 *Macco* pode referir-se a uma espécie de papa feita de favas ou, ainda, de castanhas com leite. (N. T.)

a invenção da cozinha

numerosas sopas de cereais inferiores, de castanhas, de legumes nas páginas de Bartolomeo Scappi, o mais importante cozinheiro italiano do Renascimento, autor de um monumental tratado culinário publicado em 1570. Segundo o modelo já visto, essas papas e sopas são enriquecidas com condimentos, açúcar, carnes nobres, mas são, apesar disso, remetidas a uma cozinha de cunho popular. Na obra de Scappi aparece até mesmo uma sopa de "*formentone*[4] grosso", ou seja, de milho, o novo produto de origem americana. Custou até mesmo aos camponeses, por muito tempo, aceitá-lo em suas mesas.

Nas páginas de Scappi, a referência à cultura popular é, de todo modo, explícita. Vários preparados de peixe são derivados, como confessa o autor, das receitas simples dos pescadores, às quais não saberia o que acrescentar. Depois de dar a receita do linguado "ensopado", declara: "No tempo em que estive em Veneza e em Ravena, aprendi com os pescadores de Chiozza e com os venezianos, que fazem os melhores ensopados, que em todo o litoral não se costumava cozinhá-los de um modo diferente daquele que eu disse anteriormente". Todavia, acrescenta, "creio que eles se saiam melhor que os cozinheiros, porque cozinham o peixe no instante em que o apanham".

Disso tudo, resulta uma importante consequência de caráter metodológico: não é verdade que a cultura das

---

4 *Formentone/frumentone*: "milho". (N. T.)

cozinha escrita e cozinha oral

classes subalternas e a oralidade que a exprimia estão irremediavelmente perdidas. Uma e outra foram transmitidas pelos textos escritos e pela cultura dominante, com
uma evidência formal e substancial devida também ao
modo como os procedimentos de preparo dos pratos são
descritos e, presumivelmente, realizados. Em outras palavras, a visibilidade da cozinha pobre (portanto, da cultura
popular) nos receituários da elite da Idade Média e do
Renascimento, que é o momento decisivo de formação da
cultura gastronômica italiana, é favorecida pelas modalidades particulares com as quais o trabalho do cozinheiro
parece se desenvolver. O mecanismo prevalente é aquele
do acúmulo, que *acrescenta* ingredientes nobres a um
produto simples, ou *aproxima* pratos nobres de preparados simples. Isso significa que o ponto de partida é, por
definição, aquele mais amplamente compartilhado. Que
os elementos de diversidade surgem *depois*. Isso ainda é
importante de se notar porque constitui um elemento de
diversidade em relação às práticas culinárias modernas: há
alguns séculos, de fato, a cozinha requintada – aquela das
grandes famílias e depois dos grandes restaurantes – se
distingue não apenas nas fases avançadas e conclusivas
do procedimento, mas frequentemente também nas preliminares: a lição francesa dos séculos XVII e XVIII, da qual
nasceu grande parte das técnicas contemporâneas de cozinha, foi inovadora também por causa da introdução

de *bases* preparadas antecipadamente (*"fondo bruno"*,[5] *"roux"*,[6] etc.), que conferem ao prato um caráter diverso *desde o início*. Também por esse motivo o receituário de um cozinheiro da moda é hoje parcamente comparável à cozinha pobre: se de algum modo a exprime ou evoca, o faz de maneira indireta e de difícil decodificação textual. Se, ao contrário, o ponto de partida espelha um código "comum" da cozinha – como parece ser o caso das cozinhas medieval e renascentista –, a credibilidade dos receituários da elite como espelho da cozinha pobre, e como fonte para sua reconstrução, torna-se decididamente maior.

A civilização da escrita ainda pode, portanto, salvar algumas características da cultura oral, que, embora não se exprimindo diretamente na escrita, foi ali refletida de modo indireto, mas não por isso menos visível.

---

5 *Fondo bruno*: caldo feito à base de carne e legumes, de cor escura, empregado sobretudo para dar sabor a molhos que acompanham carnes. (N. T.)

6 *Roux*: base para pratos feitos com farinha cozida na manteiga. (N. T.)

a anticozinha

A cozinha é o símbolo da civilização e da cultura. A negação da cozinha representa a contestação desses valores e tem o mesmo significado que a negação do doméstico nas práticas de produção da comida. O cru, assim como o selvagem, é assumido como símbolo de escolhas "não culturais" que, todavia, mais uma vez se revelam fortemente impregnadas de cultura. Um caso típico é o dos eremitas, que, com consciente coerência intelectual, assumem e às vezes ostentam um modelo de comportamento alimentar que representa a distância do mundo, e para tal finalidade exclui, antes de qualquer coisa, o uso do fogo e das práticas de cozinha, consideradas fundamento da identidade "civil". Mas, ao fazer isso, eles propõem um gênero diverso de cultura, uma utopia que olha *para além* do mundo.

a invenção da cozinha

Na tradição cristã, o selvagem é um tipo de imagem alimentar do mito da providência e do tempo feliz em que o homem, antes do pecado, ainda não tinha sido condenado a trabalhar para arranjar sua comida. O cru tem um significado análogo, é funcional a um projeto de vida que objetiva abandonar a humanidade pecadora para recuperar a dimensão divina – ou, paradoxalmente, aproximar-se da condição animal, extremo oposto da divindade nas escolhas não humanas e não culturais. É esse o sentido de certos comportamentos que, nos primeiros séculos da experiência cristã, observamos entre os solitários do deserto sírio ou egípcio. Personagens como Hilarião, sobre o qual contam que "se alimentava apenas de ervas silvestres e de brotos de raízes cruas". Numerosos exemplos do gênero são encontrados na *História lausíaca* e nas *Vidas dos padres*, dois textos do século IV que reúnem biografias de eremitas: Macário Alexandrino "por sete anos não comeu nada que tivesse sido passado no fogo"; Filoromo "por dezoito anos se absteve de todos os alimentos cozidos com o fogo"; Sisai, quando um jovem foi lhe perguntar como devia se comportar para alcançar a santidade, sentenciou: "Não necessite cozinhar nada". Da mesma forma, "não provar nada cozido" era uma das principais provações que se impunha Dióscuro de Namísia para testar a própria firmeza moral. Algum tempo depois, esse modelo ideológico aparece de novo no Ocidente, ainda que com uma brusca mudança de cenário: a floresta se tornou protagonista em substituição ao deserto, como a anticozinha

lugar de solidão no qual pode-se dar provas de ascetismo. Nas florestas da França central, Winnoco praticou a solidão ascética reduzindo sua comida exclusivamente a "ervas silvestres cruas". Nos bosques do Apenino italiano, o eremita Venerio, discípulo de Romualdo, durante quatro anos "viveu somente de frutas, ervas e raízes, e não provou nada cozido".

De que se trata de escolhas fortemente intelectuais e *culturais* há uma clara consciência nos protagonistas e nos textos que transmitem suas proezas. Essa "não cultura" se aprende segundo os mecanismos habituais da transmissão cultural (o caso de Sisai, que transmite ao discípulo seu ensinamento, é exemplar sob esse ponto de vista), mas o ideal seria adquiri-la sem recorrer a outros homens, recebê-la diretamente de Deus, ou dos animais, e melhor se estes forem guiados pelo próprio Deus. O estranho par de opostos, coincidentes na oposição comum à dimensão humana, aparece em uma passagem das *Vidas dos padres*, onde se narra sobre um asceta que, tendo-se retirado para o deserto para viver em perfeita solidão, escolheu se alimentar apenas de ervas e raízes silvestres, obviamente cruas. Mas havia um problema: ele não sabia distinguir as ervas boas das más. Ele provava todas, mas algumas escondiam, por trás do aspecto convidativo, uma natureza venenosa, de modo que o eremita era tomado de indizíveis dores no ventre, ânsias de vômito e febres. Então, por medo de morrer, começou a desconfiar de tudo que parecia comestível e deixou de comer completamente, arriscando-se novamente a morrer, dessa vez de fome. Depois de sete dias, eis o milagre: uma cabra selvagem lhe aparece, aproxima-se do feixe de ervas que o eremita tinha apanhado mas não ousava tocar, começa a separar com a boca as plantas venenosas das boas e lhe mostra quais deve comer. Daquele dia em diante, o santo homem tira proveito da lição e consegue sobreviver no deserto, evitando ao mesmo tempo a fome e o envenenamento. O episódio é particularmente sugestivo por exprimir a natureza profundamente cultural das escolhas não culturais dos eremitas. Ele ensina que utilizar os recursos silvestres e comê-los assim como se encontram na natureza não é de fato uma operação simples e "natural", fruto de uma sabedoria instintiva, mas o resultado de um aprendizado, de um *conhecimento* do território e de seus recursos, que se forma reunindo-se informações e tirando-se proveito do ensinamento de quem já conhece aquele território e utiliza aqueles recursos. Nesse caso específico, o informante é um animal enviado por Deus: não há outros homens para transmitir cultura ao eremita solitário, mas da cultura ele não pode abdicar.

Esse tipo de sugestões culturais dura por muito tempo: na Europa do Setecentos, suspensa entre o racionalismo iluminista e a paixão protorromântica, a desconfiança dos cozinheiros e o fascínio por uma cozinha simples, pré-cultural e com propensão ao "cru" são motivos recorrentes na literatura e na utopia "naturalista" de Jean-Jacques Rousseau. O bom selvagem não cozinha, e é feliz.

a anticozinha

Em épocas como a nossa, de ecologismo difundido, tais imagens aparecem fugazmente nas atitudes e nos comportamentos alimentares, tanto mais que, no decorrer do século XX, o cru encontrou um aliado insuspeito na ciência dietética. A descoberta das vitaminas presenteou o cru com uma nova imagem de comportamento "saudável" (quanto menos se cozinham os alimentos, mais se preservam suas qualidades nutricionais) que diverge radicalmente das linhas diretoras da dietética antiga, baseada principalmente na ideia da manipulação e dos longos períodos de cozimento.

assado e cozido

As tensões culturais implicadas nas práticas de cozinha agem de forma que elas não sejam ideologicamente neutras.

Eginardo, o biógrafo de Carlos Magno, narra que o soberano sempre gozou de ótima saúde, exceto nos quatro últimos anos de vida, quando sofreu de febres frequentes e, no fim, de gota (de fato, mancava de um pé). Lembra ainda as brigas que, por causa daquela doença, irrompiam entre o imperador e seus médicos: eles "lhe eram particularmente odiosos porque o exortavam a abandonar os assados, aos quais estava habituado, para passar às carnes aferventadas".

Era somente uma questão de gosto? Seguramente não. Por trás do hábito de Carlos Magno de comer carnes assadas e por trás de sua rejeição às carnes cozidas, é fácil entrever, para além das predileções individuais, valores culturais muito precisos, como aquele que Lévi-Strauss nos ensinou a ler nas modalidades de cozimento dos alimentos. Não apenas nas sociedades tradicionais, mas ainda hoje, o assado e o cozido têm papéis opostos no plano simbólico, *significam* coisas diversas no habitual jogo de oposições entre cultura e natureza, doméstico e selvagem. Oposições ambíguas, como já sublinhamos mais vezes, porque também as escolhas a favor da "natureza" são eminentemente *culturais*. Isso não torna menos interessante o discurso e não impede que, na escolha dos alimentos e das técnicas de cozimento, o assado esteja decididamente do lado da "natureza" e do "selvagem", uma vez que não exige outros meios além do fogo, sobre o qual a carne cozinha violenta e diretamente. O que mais poderíamos imaginar depois de uma caçada como aquelas que enchiam a vida dos aristocratas medievais e do *Ancien Régime* senão um animal colocado no espeto, girando sobre a chama viva? Para aqueles homens, o gosto forte da carne assada era um hábito que beirava a obviedade, e como tal ela aparece na descrição dos hábitos de Carlos Magno: sua refeição ordinária, escreve Eginardo, constava normalmente de quatro pratos, fora os assados "que os caçadores costumavam enfiar no espeto e que ele comia com mais gosto que qualquer outra comida". A esse tipo de carne, que os médicos em vão tentavam desaconselhar, o imperador era *assuetus*: adjetivo que sugere o hábito, mas também, de algum modo, a tolerância.

assado e cozido

Uma tolerância psicológica dificilmente contestável, que nos mostra como os comportamentos alimentares são fruto não apenas de valores econômicos, nutricionais, salutares, racionalmente perseguidos, mas também de escolhas (ou de coerções) ligadas ao imaginário e aos símbolos de que somos portadores e, de alguma forma, prisioneiros.

O cozido, em vez disso, que "medeia" por meio da água a relação entre o fogo e a comida, e exige o uso de um recipiente – ou seja, de um artefato *cultural* – para conter e cozinhar as carnes, tende a assumir significados simbólicos ligados mais à noção de "domesticidade". Não a floresta, mas a casa parece o espaço natural desse tipo de preparação, e, de fato, é a cozinha camponesa que mais tipicamente o caracteriza. Isso foi verdade até os nossos dias e é confirmado por todo tipo de indícios, não apenas escritos, mas também materiais (os documentos arqueológicos): por exemplo, as escavações realizadas em sítios medievais revelaram uma correlação precisa entre a dimensão dos recipientes de cozimento e o tamanho dos ossos dos animais encontrados nos mesmos depósitos de refugo. Os ossos, evidentemente, eram cortados de modo que coubessem naqueles recipientes. A panela pendurada sobre o fogo sempre aceso, protegido por um círculo de pedras no meio do cômodo era a grande protagonista dessa cozinha (como foi, no campo, até recentemente). Também nas lareiras de parede das casas burguesas se penduravam panelas, como nos mostram miniaturas do fim da Idade Média (sobretudo os *Tacuina sanitatis*) e dos séculos seguintes. Também as cozinhas monásticas davam preferência às preparações em panela (de carnes, mas sobretudo de legumes e verduras).

Os valores simbólicos atribuídos ao cozido – domesticidade, "cultura", relação "doce" com a comida – se inseriam numa realidade de maior conveniência e rentabilidade (valores caros ao mundo camponês, mas, ao contrário, estranhos à mentalidade aristocrática). Cozinhar em panela, em vez de diretamente sobre o fogo, significava ainda não desperdiçar os sucos nutritivos das carnes, retê-los e concentrá-los na água. O caldo assim obtido podia ser reutilizado para outras preparações, junto de novas carnes, de cereais, legumes, verduras. No uso da panela, dificilmente falta a ideia da economia, da conservação. De resto, o emprego da água era pouco menos que indispensável quando se tratava de cozinhar carnes salgadas, como eram, em sua maioria, aquelas consumidas pelos camponeses (enquanto a carne fresca era mais um sinal do privilégio social).

Na oposição assado/cozido, está igualmente implícita uma contraposição de gênero. A panela que ferve sobre o fogão doméstico faz parte preferivelmente das competências femininas. A gestão do fogo para assar as carnes é frequentemente uma operação masculina, aliás, máscula, que traz imagens de simplicidade brutal, de domínio imediato sobre as forças naturais. Em toda a sua ambiguidade, essas imagens continuam a condicionar os nossos

assado e cozido

modos de pensar a relação com a comida. O churrasco ao ar livre, que exibe gestos rudes e modos essenciais, é o resíduo de sugestões antigas, que ainda hoje se contrapõem à complexidade da cozinha elaborada e doméstica. O equipamento de piquenique agora é adquirido no supermercado, e o carvão pronto para o uso substitui a busca de lenha e ramos para acender o fogo, mas permanece a ilusão de uma forte relação com a natureza, a ser construída ou encontrada. O estilo de vida do caçador, ou talvez do caubói, não perdeu seu fascínio e até mesmo pode se constituir em fator de identidade nacional, quando é conscientemente assumido como ideal de uma sociedade, como a americana, que admira a cozinha europeia, mas não se exime de considerá-la excessivamente sofisticada.

prazer e saúde

O uso do fogo e as práticas de cozinha servem para tornar "melhores" os alimentos não somente do ponto de vista do sabor, mas também da segurança e da saúde. A cumplicidade entre cozinha e dietética é um dado permanente e, por assim dizer, originário da cultura alimentar, que talvez possamos fazer remontar ao exato momento em que o homem aprendeu a usar o fogo para cozinhar os alimentos. Esse gesto simples teve seguramente, desde o início, o objetivo de tornar a comida mais higiênica, além de mais saborosa: de toda forma, podemos dizer que a dietética nasceu com a cozinha. Com o passar do tempo, tal relação se tornou mais consciente e elaborada, desenvolvendo-se como ciência dietética na reflexão e na prática médica: assim aconteceu na Grécia antiga, onde, entre os séculos V e IV a.C., Hipócrates de Cós fundou

a invenção da cozinha

uma tradição de pensamento que, na Europa, durou 2 mil anos; assim aconteceu em outras civilizações, como a indiana ou a chinesa, que elaboraram um pensamento médico e filosófico estritamente vinculado às práticas de cozinha, não privado de significativas ligações com a tradição ocidental.

A medicina pré-moderna é frequentemente definida como "galênica" em homenagem ao médico romano Galeno (século I d.C.), cujos ensinamentos, que retomavam e desenvolviam as teorias de Hipócrates, permaneceram vivos até o século XVII e os seguintes. Essa medicina se baseava num princípio fundamental, do qual derivava a maior parte das ideias e das práticas relativas à cura do corpo: todo ser vivo – homens, animais, plantas – possui uma "natureza" particular em razão da combinação de quatro fatores, agrupados dois a dois: *quente/frio, seco/úmido*. Por sua vez, eles derivam da combinação dos quatro elementos (fogo, ar, terra, água) que constituem o Universo. O homem pode se dizer em perfeita saúde quando em seu organismo os vários elementos se combinam de modo equilibrado, balanceado. Se um deles prevalece sobre os outros, seja por um estado eventual de doença, pela idade (os jovens são mais "quentes" e "úmidos", os velhos mais "frios" e "secos"), pelo clima e ambiente em que vive, pela atividade que desenvolve ou por qualquer outra razão, é indispensável restaurar o equilíbrio com providências adequadas, primeiramente o controle da alimentação. Por exemplo, quem é afetado por uma doença que o torna "úmido" demais deve preferir alimentos de natureza "seca" e vice-versa. O indivíduo com saúde, em vez disso, deve consumir alimentos equilibrados ou, como se dizia, "temperados".

Justamente aqui entra em campo a cozinha, entendida como arte da manipulação e da combinação, dado que na natureza não existem alimentos perfeitamente equilibrados. Torna-se necessária, portanto, uma intervenção para corrigir as qualidades naturais do produto (classificadas de acordo com um complicado quadro de intensidade ou "graus") e restabelecê-las na medida certa. Se determinado alimento está desequilibrado no aspecto "quente", será necessário modificá-lo no aspecto "frio" ou acompanhá-lo de ingredientes "frios", de acordo com duas linhas principais de intervenção: as técnicas de cozimento e as modalidades de combinação entre os alimentos. Sobre essas bases se insere a ideia típica da cultura antiga, medieval e renascentista de que a cozinha é fundamentalmente um *artifício*, uma arte combinatória que tende não somente – como talvez nos pareça óbvio – a valorizar a natureza dos produtos, mas também a retificá-la, a corrigi-la.

Sob esse ponto de vista se explicam, antes de tudo, as indicações sobre como cozinhar os alimentos que encontramos tanto nos receituários de cozinha quanto nos textos de dietética: uma correspondência precisa deve se interpor entre o tipo de carne (de qualidade diversa, de acordo com o gênero, a idade, o sexo do animal) e

a invenção da cozinha

o cozimento ao qual ela é destinada. Se as carnes são "secas", será preferível acrescentar água, ou seja, fervê--las; no caso das "úmidas", será necessário enxugá-las, assando-as. "As carnes de cervo se comem afergentadas", escreve o médico Antimo no século VI; "[...] os assados, se são de cervo jovem, são bons. Mas, se o cervo é velho, são pesados". Hábitos que depois se tornaram proverbiais: por que "galinha velha dá bom caldo"?

Critérios análogos orientam as combinações, outro ponto forte da dietética antiga e medieval, que determinou muitas escolhas no campo gastronômico. Escolhas que depois foram incorporadas ao hábito por vezes conservado até hoje: por que se come queijo com pera ou melão com presunto? Em ambos os casos, a combinação evoca a dietética pré-moderna, desconfiada demais em relação a muitos tipos de fruta (entre as quais, a pera e o melão) julgados excessivamente "úmidos" e perigosos para a saúde: a função do queijo ou do presunto (ambos "secos") é justamente "enxugar" a natureza dos produtos que acompanham. Como alternativa, pode-se recorrer ao elemento dessecante por excelência, o sal (que, na França, se costuma frequentemente espargir sobre o melão). Mas essas frutas não são apenas "úmidas", também são perigosamente "frias". Acompanhando o melão com um vinho forte e doce (na França, comumente se serve uma taça de porto), o problema será brilhantemente resolvido. Quanto às peras, certamente não é por acaso que aparecem, nos menus medievais e renascentistas, na maior

prazer e saúde

parte das vezes cozidas em vinho (também esse um hábito tornado tradicional e conservado até hoje).

O "cozinheiro galênico", em cujo profissionalismo se compendiam a arte da cozinha e o saber médico, presta atenção extraordinária também aos molhos, que, ladeando adequadamente carnes e peixes, têm a precisa finalidade de temperar os pratos, tornando-os ao mesmo tempo digeríveis e saborosos. As duas coisas juntas, uma vez que um princípio essencial da cozinha e da dietética pré-modernas é de que os alimentos, para serem bem assimilados pelo organismo, devem estimular os sucos digestivos por meio do prazer de comer. O molho de alho, escreve Bartolomeo Sacchi, o humanista Platina, no tratado *De honesta voluptate et valetudine* (metade do século XV), é empregado com carnes duras e gordas "para torná-las mais digeríveis e para estimular o apetite". Que o desejo constitua o sinal sensível de uma necessidade, que o prazer de satisfazê-lo represente o principal incentivo à saúde do corpo, é uma ideia compartilhada até beirar a obviedade.

"O que é mais agradável para o gosto é melhor para a digestão", escrevera Maino de Maineri, médico milanês do século XIV, autor de um tratado de dietética que por muitos vieses se assemelha a um receituário de cozinha pela qualidade de sugestões práticas que dizem respeito ao cozimento dos alimentos, os modos de preparo, os acompanhamentos. Não à toa, um capítulo inteiro do *Regimen* de Maino, dedicado aos molhos, também circulou

a invenção da cozinha

como texto independente, com o título "*De saporibus*". Reciprocamente, não é difícil descobrir os sinais da normativa médica nos livros de receita: médico e cozinheiro são duas faces de um mesmo saber. O feijão – escreve Platina – é quente e úmido, mas sua nocividade pode ser regulada "salpicando-se orégano, pimenta e mostarda sobre ele" e depois bebendo vinho puro.

São regras amplamente compartilhadas, porque a dietética fala a mesma linguagem da cozinha, uma linguagem compatível – aliás, totalmente capaz de ser sobreposta à dos sentidos: quente e frio, seco e úmido não são categorias abstratas, mas teorizações da experiência sensível. Por isso, aquela linguagem atravessa todo o corpo social, coliga, em diversos graus de conhecimento, tratados eruditos e usos camponeses, reflexões científicas e práticas cotidianas. Não somente os leitores de Maino ou de Platina, mas os frequentadores de tabernas *sabem* que peras, ou pêssegos, ou cerejas devem ser acompanhados preferivelmente de queijo. As refeições do cardápio[1] consumidas no Albergo della Stella de Prato entre 1395 e 1398 – detalhadamente documentadas pelos proprietários da hospedaria – terminam, com prazer, com peras cozidas e queijo (ou, seguindo as estações, com "queijo e cerejas" em maio, "queijo e pêssegos" em

---

1 No original, *alla carta*. No Brasil, se emprega o termo francês à la carte. (N. T.)

prazer e saúde

setembro). Testemunho precioso, porque diz respeito a pessoas de todas as condições e pratos *do cardápio*, ou seja, a serem pedidos por elas. Não há excessiva distância entre a cultura desses proprietários de hospedaria e a de um príncipe como Filippo Maria Visconti, de Milão, que, segundo o testemunho do biógrafo Pier Candido Decembrio, amava encerrar a refeição com "peras, ou maçãs, cozidas no queijo".

Escolhido o tipo de cozimento e determinadas as combinações, o terceiro ato estratégico da saúde à mesa não compete mais ao cozinheiro, mas ao "mordomo" (antigamente chamado *scalco*):[2] preparar os pratos, durante a refeição, numa sequência que favoreça a boa absorção, a boa digestão.

"Que coisas devem ser comidas primeiro" é um problema ao qual Platina dedica um oportuno capítulo de seu tratado e numerosas observações em cada capítulo e em cada parágrafo. "Ao escolher as comidas, deve-se observar certa ordem, uma vez que, no início da refeição, pode-se comer sem medo e com mais gosto as coisas que colocam o estômago em movimento e que oferecem uma nutrição leve e equilibrada", como algumas qualidades de maçãs e de peras, alface "e tudo de cru e de cozido que pode ser condimentado com óleo e vinagre". No que diz respeito às frutas, o conselho é abrir a refeição com as qualidades

---

2 Igualmente, "mordomo". (N. T.)

doces e perfumadas e terminá-la com as ácidas e adstringentes: que se trate de maçãs, peras, romãs, amoras, essa é a regra a ser seguida.

A relação prazer–saúde, que o imaginário contemporâneo tende frequentemente a perceber em termos conflitantes, nas culturas pré-modernas foi pensada como um nexo inseparável, no qual os dois elementos (o prazer e a saúde) se reforçavam alternadamente. A ideia de que o prazer seja saudável, de que "o que agrada faz bem", é uma ideia-base da dietética antiga e medieval. E as "regras da saúde" são, primeiramente, regras alimentares, entendidas não no sentido da *restrição* (como parece sugerir uma acepção distorcida do termo "dieta", hoje prevalente na linguagem comum), mas da *construção* de uma cultura gastronômica. Isso evidentemente não significa que todo gesto alimentar fosse realizado visando à saúde: também podiam acontecer situações contraditórias, quando outras razões – as do prestígio social ou da simples gulodice, ou ainda outras – entravam em jogo. Mas, no conjunto, a ciência dietética e a arte gastronômica seguiam em estreita simbiose, também porque – como já observamos – falavam a mesma língua.

Desde os séculos XVII e XVIII, a ciência dietética começou a falar uma língua diferente, baseada na análise química mais que na observação física. As categorias do quente e do frio, do seco e do úmido, elaboradas na medicina grega e latina a partir da física aristotélica, permitiam um intercâmbio contínuo e, por assim dizer, natural

prazer e saúde

entre experiências cotidianas e elaboração conceitual, entre práticas de cozinha e reflexão sobre o valor nutricional dos alimentos. A nova dietética introduziu conceitos, fórmulas e palavras não mais ligadas à experiência sensorial: quem conhece o sabor dos carboidratos ou o gosto das vitaminas? Daí nasceu uma divergência importante, que demora a se formar. Todavia, hoje, assim como ontem, a ciência dietética incide profundamente sobre o modo de se aproximar da mesa. A relação prazer–saúde, constituída em uma época primordial com as primeiras experiências de cozimento dos alimentos, continua a ser uma constante fundamental na experiência cultural do *Homo edens*.

o prazer (e o dever) da escolha

o gosto é um produto cultural

A comida não é "boa" ou "ruim" por si só: alguém nos ensinou a reconhecê-la como tal. O órgão do gosto não é a língua, mas o cérebro, um órgão culturalmente (e, por isso, historicamente) determinado, por meio do qual se aprendem e transmitem critérios de valoração. Por isso, esses critérios são variáveis no espaço e no tempo: o que em determinada época é julgado positivamente, em outra pode mudar de caráter; o que em um lugar é considerado uma guloseima, em outro pode ser rejeitado como repugnante. A definição do gosto faz parte do patrimônio cultural das sociedades humanas. Assim como há gostos e predileções diversos em diferentes povos e regiões do mundo, assim os gostos e as predileções mudam no decorrer dos séculos.

o prazer (e o dever) da escolha

Mas como se pode presumir o conhecimento do "gosto" alimentar de épocas distantes da nossa?

A indagação remete, na realidade, a duas acepções distintas do termo "gosto". Uma é aquela do "gosto" entendido como *sabor*, como sensação individual da língua e do palato: experiência, por definição, subjetiva, fugaz, incomunicável. Sob esse ponto de vista, a experiência "histórica" da comida está irremediavelmente perdida. Mas o "gosto" também é *saber*, é avaliação sensorial do que é bom ou ruim, do que agrada ou desagrada: e essa avaliação, como dissemos, vem do cérebro antes que da língua. Sob esse ponto de vista, o gosto não é de fato uma realidade subjetiva e incomunicável, mas coletiva e comunicada. É uma experiência de cultura que nos é transmitida desde o nascimento, juntamente com outras variáveis que contribuem para definir os "valores" de uma sociedade. Jean-Louis Flandrin cunhou a expressão "estruturas do gosto" justamente para sublinhar o caráter coletivo e compartilhado de tal experiência. E é claro que essa segunda dimensão do problema, que não coincide com a primeira, mas em larga medida a condiciona, também pode ser investigada historicamente, examinando as memórias, os achados arqueológicos, os traços que toda sociedade do passado deixou atrás de si.

Consideremos a sociedade medieval e renascentista: o que os documentos nos revelam sobre os modos de consumo e os "gostos" de mil ou mesmo quinhentos anos atrás? Que diferenças se notam em relação a hoje?

o gosto é um produto cultural

Para uma investigação retrospectiva, que parta de hoje em direção à Idade Média, parece claro que nossa ideia de cozinha e o sistema de sabores que para nós parece tão "naturalmente" preferível são diferentes demais daqueles que por muito tempo – não apenas na Idade Média, mas ainda há duzentos anos – os homens julgavam bons e buscavam nas comidas. A cozinha atual (italiana e europeia) tem um caráter predominantemente *analítico*, ou seja, tende a distinguir os sabores – doce, salgado, amargo, azedo, picante, etc. – reservando a cada um deles um espaço autônomo, seja nos pratos individuais, seja na ordem da refeição. A tal prática se vincula a ideia de que a cozinha deve respeitar, nos limites do possível, o sabor natural de cada alimento: sabor por vezes diferente e particular, a ser mantido, justamente, distinto dos outros. Mas essas regras simples não constituem um arquétipo universal de cozinha, que sempre existiu e sempre foi constante: são fruto de uma pequena revolução acontecida na França entre os séculos XVII e XVIII.

"A sopa de couve deve ter sabor de couve, o alho-poró, de alho-poró, o nabo, de nabo", recomenda Nicolas de Bonnefons na sua *Lettera ai maestri di casa* [Carta aos mordomos] (metade do século XVII). Aparentemente, é uma afirmação inocente, até mesmo desconcertante em sua banalidade: na realidade, ela subverte modos de pensar e de comer consolidados por séculos. O gosto renascentista, assim como o medieval e, voltando mais ainda no tempo, o gosto romano antigo tinham de fato

o prazer (e o dever) da escolha

elaborado um modelo de cozinha baseado principalmente na ideia de artifício e na mistura dos sabores. Tanto a preparação dos pratos individuais quanto seu deslocamento na refeição correspondiam a uma lógica *sintética*, mais que analítica: manter junto, mais que separar. Isso correspondia também às regras da ciência dietética, que considerava "equilibrada" a comida que contivesse em si todas as qualidades nutricionais, por sua vez manifestas, tornadas sensíveis pelos diversos sabores: o prato perfeito era aquele em que todos os sabores (e por isso todas as virtudes) estivessem simultaneamente presentes. Justamente para esse fim o cozinheiro era levado a intervir nos produtos, a alterar suas características de modo mais ou menos radical.

Um exemplo típico dessa cultura é o gosto doce-salgado que caracteriza grande parte das preparações medievais e renascentistas. Ou o agridoce, que misturava o açúcar aos azedos, reinterpretando e suavizando, graças à contribuição de dois novos produtos levados à Europa pelos árabes, a combinação de mel e vinagre que já havia caracterizado a cozinha romana. Gostos não totalmente desaparecidos, que ainda hoje se encontram nas cozinhas europeias mais conservadoras, como a alemã e a do Leste. Pensemos nas compotas de mirtilo, nas peras e nas maçãs usadas como acompanhamento da carne e, em particular, da caça: essa é a cozinha medieval. Pensemos, para ficar em território italiano, em produtos como a mostarda de Cremona, que une o picante das especiarias ao doce

o gosto é um produto cultural

do açúcar (ou do mosto que lhe dá o nome): essa é a cozinha medieval. Pensemos nos *timballi* de macarrão (massa podre doce recheada com massa salgada aromatizada com condimentos doces), tradicionais em diversas regiões e cidades italianas. Pensemos na pimenta e no açúcar do *panpepato*[1] e de outros doces natalinos. Para ir mais longe, pensemos no agridoce da cozinha chinesa, no pombo em crosta de mel da tradição marroquina: essa é a cozinha medieval. A cozinha do contraste que é a busca do equilíbrio, do ponto zero sobre o qual as distâncias entre os sabores se anulam.

Essa "estrutura do gosto", fortemente correlacionada à ciência dietética e, de algum modo, à filosofia e à visão do mundo, se modificou totalmente na Europa nos dois últimos séculos, começando pela França e depois pela Itália, e para nós constitui a maior barreira para a compreensão de uma realidade tão diversa da nossa.

Outra característica de base da gastronomia pré--moderna, que a mantém distante de nós, é a extrema parcimônia no uso das gorduras. A cozinha de meio milênio atrás era uma cozinha fundamentalmente *magra*, que, para confeccionar os molhos – inevitável acompanhamento de carnes e peixes –, utilizava sobretudo ingredientes ácidos: vinho, vinagre, sucos cítricos, agraz (suco de uvas

---

1 *Panpepato*: doce feito de farinha, mel, amêndoas, frutas cristalizadas e especiarias. (N. T.)

o prazer (e o dever) da escolha

que não amadureceram) com miolo de pão, fígado, leite de amêndoas, ovos. Os molhos gordos, à base de óleo e manteiga, que para o nosso gosto seriam mais familiares – digo a maionese, o bechamel e todos os molhos típicos da cozinha burguesa oito-novecentista –, são invenções modernas, não anteriores ao século XVII, que modificaram profundamente o gosto e o aspecto das comidas. Se tivéssemos de propor um paralelo atual com a cozinha medieval europeia, deveríamos pensar antes nos molhos (de fato magros, totalmente sem laticínios ou óleo) da cozinha japonesa ou do sudeste asiático.

Também as técnicas de cozimento seguiam essa tendência a sobrepor e a amalgamar os sabores, mais que distingui-los e decompô-los. Escaldar, assar, fritar, aquecer, grelhar eram – obviamente – modos diferentes de cozinhar, mas também, em muitos casos, *momentos* diversos de um mesmo processo de cozimento, sobrepostos e, por assim dizer, "acumulados", como fases sucessivas da mesma preparação. Às vezes, isso podia responder a exigências de ordem prática: a escaldadura preliminar das carnes – hábito conservado pelo menos até o Setecentos – servia também para conservá-las, na espera de elaborações e acabamentos posteriores. Podia também ser um modo de torná-las mais macias. Mas, como para toda escolha gastronômica, também era uma questão de gosto: entrecruzando técnicas diversas, obtinham-se sabores particulares e consistências peculiares do alimento – elemento, aliás, muito cuidado pela sensibilidade

o gosto é um produto cultural

antiga e medieval, habituada a uma relação *tátil* com os alimentos muito mais acentuada que a nossa, seja na abordagem gustativa, seja na relação física com os pratos, manipulados, a maior parte das vezes, diretamente, sem intermediários, ou seja, reduzindo ao mínimo o uso dos talheres. Somente a colher era realmente necessária para os alimentos líquidos.

O garfo aparece ou como forma de extremo (e longamente contestado) refinamento dos costumes conviviais, ou como necessidade para se aproximar de pratos como a massa, fervente e escorregadia, que dificilmente se podia controlar com as mãos. Não por acaso isso acontece na Itália primeiro que em outros lugares, porque foi sobretudo na Itália, já nos últimos séculos da Idade Média, que se afirmou a cultura da massa. Mas, para os pratos de carne, ainda em avançada época moderna, o uso do garfo continuava a parecer antinatural e higienicamente discutível.

Enfim, nossa relação com a comida foi radicalmente modificada a partir da difusão, em torno da segunda metade do século XIX, do chamado "serviço à russa", ou seja, o uso de servir aos convidados uma sucessão de pratos predeterminada e igual para todos: o que hoje acontece normalmente e nos parece de certa forma óbvio. O modelo que se tinha seguido até então era diferente demais, mais parecido com aquele encontrado até hoje na China, no Japão e em outros países do mundo: os alimentos são servidos sobre a mesa *simultaneamente*, e cabe a cada um dos convidados escolhê-los e ordená-los de acordo com o próprio gosto. Nas refeições simples, trata-se de um serviço único; nas mais complexas e importantes, de uma série de serviços sucessivos, quentes ("de cozinha") ou frios ("de bufê"), mais ou menos numerosos e, por sua vez, compostos de pratos mais ou menos numerosos de acordo com a importância e a riqueza do banquete. Em todo caso, cabe aos comensais escolher individualmente segundo o próprio prazer e a própria necessidade (duas noções que, como vimos, a ciência dietética tende a aproximar muito, interpretando o desejo como revelador de uma necessidade fisiológica).

divagação: o jogo da "cozinha histórica"

Uma moda que nos últimos anos se difundiu por todos os cantos, na Itália e na Europa, é a da cozinha "histórica", eventualmente reapresentada em edifícios também "históricos", para a curiosidade dos turistas e a alegria dos animadores culturais. Vai bem, sobretudo, a cozinha "medieval" (entre aspas porque, em muitos casos, a Idade Média não é uma referência histórica verdadeira, mas simplesmente um nome de sugestão que evoca um passado indefinível em suas fronteiras cronológicas), e o historiador não pode deixar de se perguntar: tudo isso faz sentido? É possível *reconstruir* o gosto alimentar de uma época tão próxima, que nos circunda por toda parte com seus traços e, no entanto, tão distante nas referências "estéticas" de base?

o prazer (e o dever) da escolha

O problema-chave é identificar o limite entre compreensão e adaptação, reconstrução e recriação, estudo filológico dos textos e trabalho prático na cozinha. Digamos sem ambiguidade: esse limite é dificilmente identificável *a priori* e, por assim dizer, a frio. Somente a sensibilidade e a experiência de quem trabalha com isso podem situá-lo convenientemente e, de toda forma, de acordo com os preceitos de uma inevitável precariedade, dado que, se a cultura gastronômica dos séculos passados pode ser estudada e reconstruída com certa credibilidade, a passagem ao plano prático da experiência (as sensações individuais dos sabores) parece totalmente veleidosa. O objeto mudou (os produtos de hoje não são mais aqueles de mil anos atrás, mesmo que levem o mesmo nome) e, o que mais importa, mudou o sujeito: os consumidores não são mais os mesmos, e sua educação sensorial é imensamente diversa. Situação, para dizer pouco, desesperadora para quem presumisse alcançar um resultado "historicamente" plausível. Um pouco como quando se escuta a Ars Nova trezentista, ou as inovadoras melodias de Guillaume de Machaut, na reconstrução filológica dos cultores da música antiga: por mais esforços que possamos fazer, não conseguiremos tirar do contexto do nosso cérebro a experiência de Bach, Mozart e Beethoven (ou de Stravinsky ou Schoenberg) e não poderemos, portanto, reviver a experiência de quem há alguns séculos escutava a Ars Nova e Machaut como experiência de vanguarda. No plano intelectual, a *full immersion* no passado pode,

divagação: o jogo da "cozinha histórica"

de certa forma, funcionar; no plano emocional, é tecnicamente impossível.

Na realidade, do ponto de vista da emoção subjetiva, não é dito que a fidelidade filológica ao texto seja o melhor modo para reconstituir a *sensação* de um tempo. Poderia acontecer até mesmo o contrário: que o grau máximo de adaptação – sabiamente controlado – resulte, no fim, muito mais fiel que a fidelidade formal. Um único exemplo: o pilão com o socador é algo bem diferente do *mixer* elétrico, e bem diferentes são as consistências que se obtêm com os dois instrumentos, mas, em relação à nossa experiência, é o *mixer* o instrumento que serve para "triturar bem", assim como era o pilão na Idade Média. As duas sensações, objetivamente distantes, poderiam coincidir do ponto de vista subjetivo. Em todo caso, nunca saberemos. E o que vale para as técnicas vale com maior razão para os sabores. As comidas temperadas "demais" da Idade Média, para os homens daquele tempo, não o eram de fato. O mesmo se pode dizer do contato com a comida: comer com as mãos, como deveríamos fazer para imitar completamente o hábito medieval, não faz mais parte da nossa experiência (enquanto se encontra em outras culturas, como a do cuscuz marroquino: ainda uma vez o Maghreb pode ser a imagem viva da realidade medieval). Não somos mais capazes disso ou, seja como for, o praticamos como um curioso exotismo. Na Idade Média era "normal", para nós não é mais (apesar da infração à regra que vivemos de vez em quando no McDonald's,

o prazer (e o dever) da escolha

cujo sucesso parece devido também à recuperação de experiências históricas pregressas e retomadas).

Em todo caso, deveremos nos contentar com aproximações, com uma curiosidade destinada a permanecer epidérmica, ainda que intelectualmente atenta e preparada. Um pouco como quando, viajando a países distantes, procuramos compreender – mas obviamente não podemos *compartilhar* – culturas diferentes da nossa. A proposta poderia ser a de *jogar* com a "cozinha histórica", respeitando algumas regras (não há jogo sem regras), mas sem cair na empáfia da reconstituição filológica com fim em si mesma, da receita retomada em sua "autenticidade". Isso, além de provocar emoções não autênticas, em muitos casos não seria sequer possível, dado que os receituários medievais frequentemente omitem as especificações de quantidade, as doses dos ingredientes (não por imprecisão, mas porque se voltam a um público de especialistas, quase sempre profissionais). Mas, sobretudo, reconstituir a receita "autêntica" seria uma veleidade contrária não apenas à arte da cozinha, que é antes de tudo a arte da invenção, mas também ao espírito mais autêntico – desta vez, sim – da tradição histórica à qual gostaríamos de atribuir os nossos experimentos. A quantidade incrível de variantes que se encontram nos receituários medievais para pratos de mesmo nome não é apenas expressão de variedades regionais ou locais, que também são importantes na definição dos modelos de cozinha, mas é ainda a metáfora do princípio-base que todo bom cozinheiro, divagação: o jogo da "cozinha histórica"

não apenas na Idade Média, deveria seguir: "Por causa dessas coisas que são ditas", recita um texto italiano do Trezentos, "o discreto cozinheiro poderá ser doutor em todas elas, de acordo com a diversidade dos reinos, e poderá variar ou colorir as comidas como quiser".

o gosto é um produto social

Se todos os comportamentos sociais passam por um momento de escolha, os mecanismos pelos quais a escolha se realiza são, no entanto, diferentes, e, se quisermos falar dos "modelos do gosto", de como eles se formam e se modificam no tempo, uma pergunta que não podemos deixar de fazer é: o gosto *de quem*? Está bem claro, de fato, que a fome (de muitos) e a abundância (de poucos) dificilmente levam às mesmas escolhas, e que, se todos têm direito de transformar em prazer a necessidade de nutrição diária, as modalidades pelas quais isso se verifica são, antes, diversas entre si.

O antropólogo Marvin Harris, defensor de um materialismo rigidamente utilitário, considera que as escolhas alimentares dos povos e dos indivíduos são sempre determinadas por um cálculo (mais ou menos consciente)

o prazer (e o dever) da escolha

das vantagens e das desvantagens consequentes: no fim das contas, os vários regimes alimentares – não excluídos aqueles que dão lugar à antropofagia – seriam os mais práticos e econômicos historicamente possíveis naquelas determinadas condições, uma vez que em toda sociedade os alimentos preferidos seriam sempre aqueles "que fazem pender a balança para o lado dos benefícios práticos, em relação ao lado dos custos": daí os hábitos alimentares, daí a avaliação de determinados alimentos como "bons", de outros como "ruins". O "bom para comer", ou seja, o que *convém* comer, historicamente se torna, segundo Harris, o "bom para pensar", o valor cultural positivo. Mas tudo isso funciona – dentro de certos limites – somente se falamos das classes subalternas e de sua fome nunca suficientemente saciada. É claro que seus hábitos e, portanto, em última análise, seus gostos são determinados pela facilidade de encontrar o produto, por sua capacidade de ser conservado e preparado, por sua capacidade de *preencher*, afastando a angustiante mordida da fome. Explica-se assim o gosto popular pelos farináceos: cereais, legumes, castanhas – alimentos "de preenchimento". Explica-se assim o gosto, mais recente, pela massa, ou pelas batatas.

Primeira objeção. Não é sempre certo que os *hábitos* alimentares correspondem ao *gosto* dos indivíduos. Sobre isso, muito insistiu Jean-Louis Flandrin: uma coisa é comer algo esporadicamente ou ainda por hábito; outra coisa é apreciá-la. Os cidadãos europeus, que durante séculos

o gosto é um produto social

consumiram pão preto confeccionado com cereais inferiores como centeio, espelta ou cevada, certamente desenvolveram uma coerência psicológica e fisiológica para aquele tipo de alimento; isso não impede que tenham sempre desejado comer pão branco de trigo, como os nobres e como os habitantes da cidade. Somente o desejo e o tédio dos cidadãos ricos transformaram, em certo ponto, aquela comida de pobreza (o pão preto) em comida de elite, promovendo-o aos ervanários e ao comércio de especialidades alimentares, nova imagem de um passado que nunca existiu, de uma ruralidade incorrupta e feliz que os camponeses nunca conheceram. E aqui seria difícil distinguir quão sincera − nas papilas gustativas − é a apreciação dessas comidas rústicas pelos consumidores ricos: a desconfiança é de que as comam porque a *ideia* que fizeram desses alimentos os faz se sentir bons. A direção do percurso identificado por Harris − do hábito ao gosto, do comer ao pensar − poderia ainda ser invertida.

De fato, se invertemos o ponto de vista social de referência e passamos do contexto da pobreza ao da riqueza, o mecanismo de formação do gosto parece, também ele, inverter-se. Objeto de desejo não é mais o alimento abundante, mas o raro; não aquele que enche e faz passar a fome, mas aquele que estimula e convida a comer mais. Alguns hedonistas do Quinhentos − para citar apenas um exemplo curioso − costumavam comer salada no meio da refeição com a finalidade de reavivar o apetite perdido: já que a salada "aguça e incita o apetite", eles, "ávidos

o prazer (e o dever) da escolha

demais por comer", transgrediam as regras normais da dietética, que aconselhavam servir a salada no início. A nota é do botânico *marchigiano*[1] Costanzo Felici, que não deixa de censurar o comportamento desses glutões. Quanto ao fascínio pela comida rara, o exemplo talvez mais clamoroso é o das especiarias, que na Idade Média tiveram sucesso extraordinário na mesa das classes dominantes, enquanto foram progressivamente abandonadas no decorrer do Seiscentos, quando a maior oferta no mercado e a consequente baixa dos preços as tornaram acessíveis a uma faixa mais ampla de consumidores. Àquela altura, as especiarias não foram mais indicativas da distinção social, por isso as elites buscaram novos motivos de distinção – na manteiga, na confeitaria ou até mesmo nas verduras frescas da horta: uma "reabilitação" de modelos alimentares camponeses, culturalmente análoga, em sua ambiguidade, às atuais "reabilitações" das dietas pobres.

A antieconomicidade pareceria, portanto, um importante motor no processo de formação do gosto das classes altas, pelo simples motivo de que, como escrevia Isidoro de Sevilha (século XII) a propósito do feijão, "tudo o que abunda é vil". Outro bom exemplo é aquele da fruta fresca, produto particularmente delicado e perecível que por longo tempo se vinculou a imagens de luxo e de

---

1 Natural ou habitante da região italiana denominada de Marche, por vezes traduzida para o português como "Marcas". (N. T.)

o gosto é um produto social

riqueza: em particular nos séculos do fim da Idade Média e do início da Idade Moderna, a fruta esteve em moda nas mesas ricas, delineando-se como verdadeiro traço característico da "gulodice senhorial". E veja-se que, nesse caso, diferentemente de outros, a escolha se opunha às indicações dos médicos: a ciência dietética do tempo, de fato, era desconfiada em relação às frutas, que eram consideradas geradoras de humores frios e úmidos, prejudiciais aos processos digestivos. No entanto, a moda se espalhou: o imaginário, como acontece frequentemente, levou a melhor sobre a razão.

dize-me
quanto comes...

Jacques Le Goff escreveu que, na Idade Média, a comida era "a primeira oportunidade para as camadas dominantes da sociedade manifestarem sua superioridade": por meio do luxo e da ostentação alimentar, elas exprimiam "um comportamento de classe". Isso encontrava uma justificativa mais que evidente no fato de que, então, a localização dos recursos alimentares era a primeira preocupação (poderíamos dizer obsessão) dos homens: em tal contexto, a abundância de comida marcava por si só uma situação de privilégio social e de poder. Não era, de resto, uma realidade exclusiva da Idade Média: todas as sociedades e as culturas tradicionais são marcadas pela fome ou, melhor dizendo, pelo *medo* da fome, que, pode tornar-se fome real (anos de carestia, de epidemia, de guerra: os três flagelos contra os quais se implorava a proteção divina), com mais frequência permanece simplesmente como medo – entendido como atitude psicológica dos indivíduos, mas também, e sobretudo, como realidade culturalmente compartilhada, como atenção coletiva que se reflete nos gestos, nas escolhas, nos comportamentos. Essa *necessidade* de comida funcional para a sobrevivência diária – noção muito simples, que na atual sociedade da abundância corre o risco de passar para o segundo plano – se traduzia, antes de mais nada, em um *desejo de quantidade*: o desejo da barriga cheia e da despensa bem abastecida. O restante, a qualidade, importava obviamente muito, mas vinha *depois*.

Por isso, o poderoso se definia, em primeiro lugar, como um grande comedor. De acordo com a narrativa de Liutprando de Cremona, em 888, o duque Guido di Spoleto foi rejeitado como rei dos francos porque se soube que ele comia muito pouco: "Não pode reinar sobre nós quem se contenta com uma refeição modesta", teriam afirmado na ocasião seus eleitores. É como dizer que o fato de comer muito, de conseguir consumir mais comida que os outros não era a simples consequência de uma situação de privilégio (um *poder fazer*), mas tendia a se configurar como um tipo de obrigação social, um *dever fazer*, uma norma do "comportamento de classe" da qual o senhor não podia se eximir, sob o risco do questionamento da ordem constituída. Isso ainda estava ligado a uma concepção física e muscular do poder, que via no chefe, antes de qualquer coisa, um valoroso guerreiro, o mais forte e vigoroso de todos, o mais capaz, portanto, de engolir enormes quantidades de comida, sinal (e ao mesmo tempo instrumento) de uma superioridade puramente animalesca sobre seus semelhantes. Com efeito, a onomástica do guerreiro é frequentemente emprestada do mundo animal: os Lobos, os Ursos, os Leões e os Leopardos são incontáveis entre as linhagens da nobreza medieval. Observemos que são sempre animais carnívoros. É principalmente à carne, de fato, que o nobre guerreiro deve sua força e sua coragem, de acordo com uma imagem cultural ao mesmo tempo simbólica e "científica", que atribui principalmente àquele tipo de comida a capacidade de nutrir o corpo, de consolidá-lo muscularmente, de conferir ao guerreiro, juntamente com a força, a legitimidade do comando. Imagem simbólica, porque comer carne significa matar animais, e, para a nobreza, a carne é sobretudo caça, abatida ao fim de extenuantes perseguições e de verdadeiros duelos, que simulam, nas estratégias e no uso das armas, a prática da guerra. A caça treina o nobre para a atividade militar e, ao mesmo tempo, fornece alimentos que dão força para combater: o círculo é fechado e perfeito também no plano técnico. A ciência dietética, por sua vez, o confirma, identificando na carne a comida do homem por excelência, o alimento perfeito para crescer com vigor e em corporeidade: valorização que encontramos nos tratados médicos dos tempos medievais, diferentes, pelo menos nisso, da tradição grega e romana, fruto de uma civilização agrícola que não

o prazer (e o dever) da escolha

hesitava em colocar o pão no centro do sistema alimentar e em designá-lo como comida ideal do homem, do cidadão, do soldado – imagem que se sublimava no mito do general agricultor, ou seja, Cincinato. O novo mito medieval é aquele do soberano caçador.

Com o passar dos séculos, diferentemente, o tema da quantidade de comida como função do poder e do prestígio social decaiu. O próprio poder é concebido de outra forma: não mais como manifestação de força física, devendo ser sempre reafirmado e, por assim dizer, conquistado em campo, mas como direito adquirido, legítimo exercício de uma função de direito por via hereditária. A passagem de uma "nobreza de fato" a uma "nobreza de direito" – expressões cunhadas por Marc Bloch para indicar os dois modelos sociais diversos que caracterizam respectivamente a alta e a baixa Idade Média – tem relação imediata com os modelos alimentares: comer muito, num primeiro momento, era uma capacidade, era, como dissemos, a demonstração de uma superioridade física sobre os próprios semelhantes: com o tempo, transforma-se mais em um direito, que *se pode* (mas não necessariamente *se deve*) exercer. O importante, a partir de então, não mais será consumir mais comida que os outros comensais, mas tê-la em maior quantidade à disposição sobre a mesa (para depois distribuí-la aos companheiros, aos hóspedes, aos servos, aos cães). A "linguagem alimentar" desenvolve assim um conteúdo cada vez mais marcadamente ostentatório, cenográfico e teatral: entre os séculos XIV e XVI, e ainda nos séculos seguintes até o limiar da contemporaneidade, é agora essa a característica distintiva do privilégio alimentar, fixado pelos cerimoniais da corte de modo rígido, até mesmo aritmético. Pedro IV de Aragão queria que, na mesa, estivessem indicadas com precisão numérica as diferenças de classe: "Uma vez que, no serviço, é justo que algumas pessoas sejam honradas mais que outras, de acordo com a condição de seu estado", lemos nas *Ordinacions* de 1344, "queremos que em nossa travessa seja colocada a comida necessária para oito pessoas"; comida para seis seria colocada na travessa dos príncipes reais, dos arcebispos, dos bispos; comida para quatro, nas travessas de outros prelados e cavalheiros que se sentassem à mesa do rei. Regras inspiradas na mesma lógica valiam, ainda no século XIX, na corte napolitana dos Bourbon.

Todavia, a formalização das quantidades não exclui o exagero no comer como atributo das classes dominantes: a gota, por exemplo, muito difundida na aristocracia europeia do Seiscentos e do Setecentos, é um tipo de doença profissional, vinculada a modalidades de consumo (comida demais, carne demais) que dependiam mais do conformismo social que do gosto pessoal. Disso decorria, como ideal estético, uma apreciação do corpo robusto: ser gordo é bonito, é sinal de riqueza e de bem-estar. Como proclama a protagonista de uma comédia de Goldoni: "Se tiverdes de ser meu, vos quero belo, gordo e robusto". Mas ainda nos nossos dias, quem nunca escutou uma avó dizer: "*Sei proprio bello grasso*"?[1] Assim também se explicam os empregos linguísticos que, alterados pela cultura de hoje, soariam paradoxais: a rica burguesia florentina que, na Idade Média, celebra o próprio triunfo econômico e político definindo-se como "povo gordo"; uma cidade, Bolonha, que durante séculos, confia a promoção da própria imagem ao atributo "gorda".

Não faltam indícios de atitudes diferentes: a magreza e a elegância também podem ser virtudes, e lemos até mesmo sobre dietas emagrecedoras feitas não para fins de saúde (sobre essas, havia falado já em tempos romanos o médico Galeno, dedicando-lhes um tratado específico), mas de estética. Entretanto, nas culturas pré-modernas, esses são fenômenos marginais e culturalmente reprovados (a menos que não se trate de jejuar para granjear a santidade, como fazem os ascetas do deserto e da floresta). As formas redondas dos nus nas esculturas e nas pinturas da arte grega, romana, renascentista e barroca podem indicar qual era o ideal estético mais apreciado socialmente. Não é certamente a obesidade que se busca, mas o corpo magro não suscita desejo. "Dos magros é preciso desconfiar", escreve Shakespeare em algum lugar.

---

1 Algo como: "você está mesmo bem gordo" ou "é um belo gordo". Nessa expressão, *bello* e *grasso* assumem um tom de redundância, e o sentido geral é apenas o de indicar uma pessoa em bom estado de saúde. (N. T.)

dize-me quanto comes...

O valor da magreza, vinculado ao da ligeireza, da produtividade, da eficiência, parece propor-se como novo modelo cultural e estético somente no decorrer do Setecentos por obra dos intelectuais burgueses que se opunham à "velha ordem" em nome de novas ideologias e hipóteses políticas. Uma grande carga provocatória é atribuída, na circunstância, a um novo produto, o café, retratado como bebida da inteligência e da eficiência, opostas ao ócio e à obtusidade da aristocracia tradicional. Paralela é a oposição do magro ao gordo, e certamente não é um acaso em que a bebida "subversiva" seja qualificada pelos médicos da época como "seca" (de acordo com a classificação galênica) e, por isso, dessecante. Sua substituição pelo vinho ou pela cerveja, bebidas quentes e ricas (diríamos nós) em calorias, comporta ainda uma inversão dos mais difundidos cânones estéticos. O puritanismo oitocentista, retomando alguns aspectos dos hábitos medievais de penitência cristã, contribui, também ele, para colocar novamente em voga essa imagem de um corpo magro, esbelto, produtivo: o corpo burguês, que "se sacrifica" pela produção de bens e riquezas.

Pouco a pouco, já no decorrer do século XIX e depois, sobretudo no século XX, comer muito e ser gordo deixa de ser um privilégio e de atribuir uma imagem de superioridade social. Diante da progressiva "democratização" do consumo, imposta pela lógica industrial de produção da comida, novas classes sociais são admitidas à comilança. E uma vez que, como nos ensinou Fernand

o prazer (e o dever) da escolha

Braudel, os prazeres excessivamente compartilhados perdem rapidamente seu fascínio, não é de se espantar que a revolução do consumo sugira às elites novos modelos de comportamento, enquanto o hábito de comer e ostentar muito, tradicionalmente próprio das classes altas, se redefine como prática "popular" (da pequena e média burguesia, e depois também do proletariado urbano e das classes camponesas). Na metade do Oitocentos, o milanês Giovanni Rajberti publica um tratado de "boas maneiras" destinado (primeiro caso na Itália) não mais aos nobres, mas às classes médias: *L'arte di convitare spiegata al popolo* [A arte de banquetear explicada ao povo]. Ao povo – aponta o autor – convém dirigir ensinamentos, uma vez que os senhores já sabem como se comportar: um longo hábito de banquetes os instruiu bem. O povo, não; é necessário educá-lo, sobretudo na medida e no equilíbrio: à mesa das camadas populares, de fato, "impera um certo receio de nunca conseguir fazer-se suficiente honra, e portanto elas se põem em uma espécie de orgasmo que as faz ultrapassar em tudo aquela calculada e sábia medida que é o primeiro elemento do belo em toda arte. Por isso, há pratos em efusão, e excessivamente condimentados e de sabor acentuado, e um predomínio de refeições de caráter exageradamente quente e estimulante".

Sobretudo popular permanecerá a épica dos grandes comedores e dos devoradores insaciáveis, antigamente compartilhada com as elites. No entanto, os novos poderosos elaborarão outras formas de distinção: comer pouco, comer especialmente vegetais... O modelo alimentar e estético da magreza, enriquecido de implicações referentes à saúde, encontra ampla difusão na Europa na primeira metade do Novecentos, mas após a experiência devastadora da guerra, que traz a fome, os modelos tradicionais retomam a dianteira: nos anos 1950, as figuras femininas que se destacam em cartazes publicitários são marcadas, preferencialmente, pela imagem de uma corporeidade viçosa e "cheia". Somente no início dos anos 1970 e 1980 a ideologia do magro aparece realmente vitoriosa, indicando que, no plano cultural, a relação com a comida se inverteu: o perigo e o medo do excesso substituíram o perigo e o medo da fome.

A abundância de comida, típica das sociedades industriais pós-modernas, traz problemas novos e de difícil solução para uma cultura historicamente marcada pelo medo da fome e pelo desejo de comer muito – atitudes e comportamentos permanecem condicionados a isso, e a irresistível atração pelo excesso, que uma história milenar de fome imprimiu nos corpos e nas mentes, nesse ponto começa a bater: nos países ricos, as doenças por excesso alimentar, que antigamente eram privilégio de poucos, tornam-se um fenômeno de massa, substituindo as tradicionais doenças de carência. Eis que então se impõe um tipo inédito de medo (batizado pelos americanos de *fear of obesity*) que inverte o medo atávico da fome e, como ele, age de forma prepotente sobre a psicologia dos indivíduos, mais ainda que as circunstâncias objetivas: as

o prazer (e o dever) da escolha

pesquisas demonstram que mais da metade das pessoas que enfrentam abstenções alimentares, considerando-se acima do peso, não estão de fato. O nó do problema parece ser a divergência entre o desenvolvimento econômico e a elaboração cultural: movemo-nos na era da abundância com um equipamento mental construído para o mundo da fome. Ícone dessa contradição poderia ser o arquipélago de Tonga, no Pacífico, a nação com a mais alta taxa de obesidade no mundo, cujo rei, Taufa'ahau Tupou IV, entrou para o *Guiness Book* como o "soberano mais gordo do mundo". Expressão e modelo de uma sociedade tradicional subjugada pela abundância alimentar depois de milênios de dificuldades e de desejo, Tupou IV depois teve de se render diante dos crescentes problemas de saúde de seus súditos e de seu povo, obrigando-se a uma dieta severíssima, que em alguns meses o levou de 200 kg a 130 kg, e lançando no país (onde a obesidade sempre foi atributo de nobreza e prestígio social) um concurso de emagrecimento patrocinado pelo governo. Esse pode ser o símbolo de um equilíbrio a ser reconstruído, de um desafio *cultural* dedicado a recriar a postura em relação à comida, possivelmente sob o signo da recíproca cordialidade.

... e o quê

"Dize-me o que comes e te direi quem és." Quando Anthelme Brillat-Savarin escrevia essas palavras (*Fisiologia del gusto* [Fisiologia do gosto], 1826), a sua perspectiva era principalmente psicológica e comportamental: o modo de comer revela a personalidade e o caráter de um indivíduo. Mas, colocada numa perspectiva histórica, a frase assume significados mais amplos, de natureza social (coletiva), mais que individual. A qualidade da comida é, de fato, entendida pelas culturas tradicionais como expressão direta de pertencimento social. Em ambas as direções: o modo de se alimentar *deriva* de determinado pertencimento social e ao mesmo tempo o *revela*.

A qualidade da comida, portanto, além da quantidade, tem forte valor comunicativo e exprime imediatamente uma identidade social. Isso é evidente na cultura

o prazer (e o dever) da escolha

tradicional europeia, construída durante a Idade Média. A partir dos textos, fica claro que o nobre se qualifica sobretudo como consumidor de carne (e, em primeiro lugar, de caça, sendo este, como vimos, o alimento mais diretamente vinculado à ideia de força, num sentido tanto simbólico quanto técnico-funcional). A imagem do camponês, ao contrário, é vinculada aos frutos da terra: cereais e hortaliças, sopas e caldos são seu alimento "natural", pelo menos de acordo com a imagem que a literatura nos oferece. Na verdade, sabemos que o camponês da alta Idade Média consumia também discretas quantidades de carne: o uso do bosque fazia parte de suas atividades cotidianas, a caça e o pastoreio lhe forneciam um significativo aporte alimentar. Mas, com o passar dos séculos, o crescimento da população e a ampliação das superfícies cultivadas, em prejuízo dos pastos e das florestas, implicaram um fenômeno geral de exclusão das classes rurais do uso de tais recursos, que se tornaram privilégio quase exclusivo dos nobres. Juntamente com esses recursos, a caça também se tornou privilégio dos nobres, e as carnes em geral, talvez com exceção do porco, que permaneceu, nos fatos e na percepção coletiva, como uma carne "de camponeses".

Outras coisas mudam com o passar do tempo: no fim da Idade Média, a imagem da nobreza e a prática do poder não são mais as mesmas de alguns séculos antes. O nobre já não é apenas o guerreiro, a força (como dissemos) já não é seu atributo mais significativo: inventa-se a "cortesia", constrói-se um novo modo de viver e

... e o quê

de se comportar em sociedade. O sinal de nobreza não é mais, doravante, unicamente a capacidade de comer muito, mas (também e sobretudo) a de saber distinguir o bom do ruim, e até limitar-se, controlar-se – virtude anteriormente impensável como modelo para a aristocracia. A essa "prova" é submetido, nos romances de cavalaria, o jovem nobre: recusar o alimento indigno de sua posição, perceber, numa batida de olho, qual mais lhe "convém".

Outras formas de identidade social mediadas pela comida são aquelas que dizem respeito aos religiosos, monges e sacerdotes. Também o seu estado implica um preciso código de comportamento alimentar. Os monges, em particular, encontraram-no fixado por escrito nas "regras" que marcam cada ato de sua vida diária. Norma fundamental é a exclusão da carne da dieta, parcial ou total, com maiores ou menores exceções, em relação a todos os animais ou a apenas alguns (frequentemente apenas aos quadrúpedes): em todo caso, o "discurso" monástico sobre a comida gira principalmente em torno da carne – justamente como o aristocrático. Não é, obviamente, por acaso: mesmo que as motivações para essa rejeição sejam múltiplas e complexas, é indubitável a vontade de rechaçar, com a carne, um estilo de vida e de alimentação culturalmente identificado com o exercício do poder, da força, da violência. Negar a carne significa afastar de si a sedução do poder: não por acaso, a maior parte dos monges vem das linhagens da nobreza, e nessa "conversão" a inversão dos hábitos alimentares também

o prazer (e o dever) da escolha

tem uma parte relevante. A importância simbólica da renúncia à carne se reflete, por oposição, na escolha preferencial de alimentos "pobres" emprestados do mundo camponês como sinal de humildade espiritual: as hortaliças, os legumes, os cereais. Porém, nesse caso, trata-se de uma escolha deliberada, não de uma constrição ditada pela pobreza: e nesse elemento de voluntariedade está todo o "valor" da experiência.

Também sob o plano dietético, ou seja, científico e não simbólico, a correspondência é perfeita: a carne, que "nutre a carne" e fortalece o corpo, não convém a quem fez uma profissão de vida espiritual em detrimento das "sórdidas" exigências corpóreas. A este se destina uma dieta "leve", que afaste o mais possível a percepção, também gástrica, da corporeidade e favoreça a aproximação ao céu: por isso, as regras monásticas, embora excluindo normalmente a carne, abrem, com frequência, exceções às aves. Que, justamente, voam, portanto, são mais "elevadas" e "leves"; mais adequadas a uma dieta espiritual. E o fato de que, a partir dos últimos séculos da Idade Média, os alimentos majoritariamente apreciados pela aristocracia italiana e europeia não sejam mais os animais de grande porte, como o cervo, o javali ou o urso, mas aves, como o faisão ou a perdiz, é um indício das mudanças culturais ocorridas nesse meio-tempo. Séculos antes, teriam sido consideradas comidas "de monges". Se de certo ponto tornam-se a comida mais degustada das mesas senhoriais, é porque os senhores também mudaram: menos

... e o quê

guerreiros, menos ligados ao exercício da força e, em vez disso, mais presentes na gestão administrativa e "política" do poder; de vez em quando, até mesmo intelectuais, que se circundam de artistas, músicos, literatos. No século XVI, o médico Castore Durante da Gualdo determina – e é quase uma versão laica da originária intuição monástica – que as aves são a comida ideal para quem se dedica às obras do talento e do intelecto.

O vínculo entre consumos alimentares e estilos de vida, definidos em relação à hierarquia social, prossegue com modalidades diversas nos séculos mais recentes. O tema da *qualidade* se define, dando-se por certo que a área do privilégio social se exprime no direito/dever de consumos qualitativamente melhores, mas também permanecem as correspondências entre tipologias de alimentos (e bebidas) e tipologias de consumidores. Vimos que, na Europa do século XVIII, o café foi percebido como bebida "burguesa" por excelência, enquanto o chocolate era um consumo "aristocrático" (fazendo crer, com uma contraposição ideológica claramente facciosa, que o primeiro servia para manter a mente alerta para trabalhar, para produzir, enquanto o segundo era uma bebida suave e supérflua). No século seguinte, porém, o café já havia se tornado uma bebida "popular" na França, assim como o chá na Holanda e na Inglaterra: os símbolos são um produto cultural e mudam de uma época para outra, paralelamente à mudança dos comportamentos concretos da sociedade e dos indivíduos. Em sentido contrário,

o prazer (e o dever) da escolha

mudou o significado social da batata, que os europeus do século XVIII não hesitavam em considerar comida de camponeses (senão de animais), enquanto no século seguinte entrou completamente para a alta cozinha burguesa e aristocrática.

Fenômenos análogos se verificam sob os nossos olhos, com inversões de significado (vinculadas à passagem da sociedade da fome à sociedade da abundância) que levam, por exemplo, a considerar sinais de alta qualidade cultural e social produtos tradicionalmente pobres e rústicos como os cereais inferiores, o painço, o centeio, a cevada, a espelta, antigamente vinculados a imagens de fome camponesa e contrapostos ao trigo dos ricos, hoje, por sua vez, esnobado pelas dietas da elite. É uma das formas de "*revival* folclórico" (como o chamou o antropólogo Tullio Seppilli), ou seja, um dos modos pelos quais a sociedade contemporânea "recupera" o passado, desfigurando-lhe os significados: operação plenamente legítima se praticada com a consciência de se estar construindo uma cultura *nova*; ambígua e mistificadora caso se queira fazê-la passar por uma simples retomada do antigo.

comida e calendário: uma dimensão perdida?

Um aspecto tradicionalmente forte da cultura alimentar, que hoje parece em grande parte ter se perdido, é aquele que atribuía à comida um valor significativo em relação ao passar do tempo. As sociedades tradicionais vinculavam imediatamente a preparação e o consumo deste ou daquele alimento a determinada recorrência do calendário: o Natal tinha suas comidas e assim também a Páscoa; o carnaval não era a quaresma, e o verão não era o inverno.

Atenção: também nessa "calendarização" da comida, os aspectos *culturais* prevaleciam sobre os *naturais*. O caráter cíclico das estações encontrava uma imediata correspondência no tipo de alimentação, e os médicos (de Hipócrates em diante) também recomendavam essa correspondência: beber e comer "frio" nos meses quentes, beber e comer "quente" nos meses frios, com todas as

o prazer (e o dever) da escolha

possíveis variantes desse jogo ligadas à teoria dos quatro humores. Todavia, já observamos que essa sintonia entre homem e natureza nem sempre era vivida em termos positivos: o ciclo das estações podia reservar surpresas, e o objetivo primário sempre foi modificar os alimentos para torná-los conserváveis para além de sua dimensão sazonal. As elites, em vez disso, ostentavam o consumo de frutas e verduras fora de estação, fazendo-os vir (frescos) de longe.

Outros ritmos, de certa forma *artificiais*, condicionaram de maneira decisiva o calendário alimentar e os ritmos nutricionais. Do século IV em diante, o calendário litúrgico obrigou todos os cristãos a observar a distinção entre dias e períodos "de gordo" ou "de magro", ou seja, a consumir ou não produtos e gorduras animais, alternando, de acordo com os dias, o toucinho e o óleo vegetal, a carne e o peixe, o queijo e as verduras. O calendário litúrgico sempre reforçou o hábito tradicional de marcar com certas comidas, frequentemente doces, as principais datas festivas: pensemos na Páscoa hebraica e na cristã. Na Itália medieval, toda festa tinha sua comida, e um escritor bem dotado de *sense of humour*, o orvietano Simone Prudenzani, podia rir da excessiva devoção de algumas mulheres que não perdiam uma data sequer:

Se conhecêsseis a devoção/ Que está na lasanha de Natal,/ Ainda nas *farrate*[1] do Carnaval,/ No queijo e nos ovos da Ascensão,/ No ganso de Todos os Santos e no macarrão/ da Quinta-feira gorda e também no porco/ De santo Antônio e no cordeiro pascoal,/ Não conseguiria dizer em tão pequeno discurso./ Por todo o ouro que há sob as estrelas,/ Não deixaria de comer no dia dos *Cenciale*[2]/ um quarto de *frittelle*;[3]/ Ainda é preciso muito vinho doce/ E nele não colocaria água por nada/ Porque se diz que favorece todo mal" (*Il saporetto*).[4]

Certamente é possível (e até provável) que alguns desses produtos e pratos se impusessem também porque estavam ligados a um calendário "natural": o cordeiro na Páscoa é uma remissão à narrativa da Bíblia (assim como

---

1 As *farrate* são um prato típico da Apúlia. São feitas tradicionalmente do fim do outono ao fim do inverno, compostas por uma massa-base assada, recheada com ricota e temperada com canela e pimenta. (N. T.)

2 Dia dos *Cenciale* pode ser referência aos dias de Carnaval em que se comem os *cenci*, doces de massa frita e açucarada, comuns na tradição toscana. (N. T.)

3 *Frittelle*: doce de massa quase líquida, frita em óleo fervente, como um crepe. (N. T.)

4 Escrito por Simone Prudenzani (1387-1440), *Il saporetto* é um poema rimado sobre comida ou alimentação, mas não é um livro de receitas. (N. T.)

as ervas amargas e o pão ázimo para os hebreus), mas não se pode negar que aquele seja um momento particularmente "adequado" para saboreá-lo. Comer carne de porco na festa de santo Antônio em janeiro também é "economicamente correto", porque é nessa estação que se mata o porco. O discurso vale ainda para muitas especialidades locais vinculadas a determinadas festas do calendário religioso ou civil. Todavia, isso nem sempre é verdadeiro, sobretudo para muitos pratos (lasanha, macarrão, etc.) e para muitos doces à base de farinha (*frittelle*, panetone, etc.) que acompanham ao longo do ano uma multiplicidade de festas, mas não estão vinculados a uma particularidade produtiva sazonal. Então, são principalmente as formas (os pães feitos desse ou daquele modo) e as guarnições, ou os recheios, que determinam as diferenças. Mas, mesmo assim, ingredientes como as uvas-passas ou as frutas cristalizadas (típicos dos doces de festa, juntamente com a canela e outras especiarias doces) não parecem sugerir um vínculo com a estação, mas, ao contrário, o uso naquele momento de um produto "guardado" por ser conservado longamente. O panetone nos lembra o Natal não tanto porque "é feito de determinado modo", mas porque "é feito naquele dia". Por isso, ainda hoje, não é fácil vender panetone fora do período natalino. O valor antigo do calendário alimentar não é mais o mesmo, mas custa-lhe desaparecer.

da geografia do gosto ao gosto da geografia

Entre as várias formas de identidade sugeridas e comunicadas pelos hábitos alimentares, uma que hoje nos parece óbvia é a do território: "o comer geográfico", conhecer ou exprimir uma cultura de território por meio de uma cozinha, dos produtos, das receitas, nos parece absolutamente "natural". Mas esse lugar-comum consolidado, segundo o qual a "cozinha de território" seria uma realidade antiquíssima, nativa, atávica, é um equívoco sobre o qual é oportuno refletir atentamente. Antes de mais nada, teremos de distinguir entre os *produtos* e os *pratos* (as receitas isoladas), de um lado, e a *cozinha* (entendida como o "conjunto" de pratos e de regras) de outro. Os pratos locais, ligados a produtos locais, evidentemente existem desde sempre. Sob esse ponto de vista, a comida é, por definição, mais diretamente ligada aos recursos do

o prazer (e o dever) da escolha

lugar. Mas também, no plano mais alto, mesmo quando entra em jogo a variante decisiva do mercado, a atenção ao produto "com denominação de origem" não é novidade: de Archestrato di Gela – que no século IV a.C. enumerava os tipos de peixe que podiam ser pescados no Mediterrâneo, lembrando, para cada um deles, a área onde sua qualidade é melhor – a Ortensio Lando – que em seu *Commentario delle più notabili e mostruose cose d'Italia e d'altri luoghi* [Comentário às mais notáveis e monstruosas coisas da Itália e de outros lugares] (1548) descreve as especialidades gastronômicas e enológicas das várias cidades e regiões italianas –, uma quantidade infinita de autores e de personagens poderiam ser evocados para mostrar quanto o conhecimento do território, dos ambientes, dos recursos locais sempre constituiu um dado essencial da cultura alimentar. O fato é que esses conhecimentos não se inseriam realmente em uma "cultura de território", em uma vontade de "comer geográfico" (expressão do geógrafo francês Jean-Robert Pitte), porque o objetivo do gastrônomo pré-moderno não era se colocar em determinada cultura, conhecer um território por meio de seus sabores, mas reunir conjuntamente todas as experiências, acumular sobre a própria mesa todos os territórios possíveis em uma espécie de grande banquete universal. Archestrato, que lista os peixes de todos os lugares, os quer todos juntos sobre a sua mesa. Roma é celebrada pelos escritores da época imperial como o maior empório do mundo, onde todos os da geografia do gosto ao gosto da geografia

produtos "locais" estão simultaneamente presentes, com a maior variedade possível de ofertas, que visa exatamente *superar* a dimensão local, *ultrapassar* o território. Essa cultura sincretista significa, justamente, que a mesa é um lugar potencialmente universal: de acordo com as possibilidades de cada um – da mesa do imperador, descendo aos poucos a escala social –, o objetivo primário continua sendo reunir todo tipo de produto, todo tipo de lugar naquele mágico lugar central que é a mesa posta. Na Idade Média, o mercado de Bolonha ou o de Milão faz falar de si não tanto porque ali se encontrem alimentos "locais", mas por sua capacidade de se definir como lugar de troca interterritorial, inter-regional, internacional. O mercado de Paris durante séculos se organizou do mesmo modo e viveu sob a mesma imagem.

O mesmo vale para os "pratos", ou seja, para as especialidades locais. Assim como os produtos, os pratos também se mostram, talvez desde sempre, vinculados ao território, aos recursos, às tradições. Mas também nesse caso se delineia historicamente um objetivo impróprio: não mais distinguir as especialidades e utilizá-las como sinal identificador de culturas diversas, mas ajuntá-las, confundi-las, misturá-las. Isso é evidente na tradição antiga e também na Idade Média: os livros de cozinha do Trezentos ou do Quatrocentos arrolam receitas de proveniência variada (ou, pelo menos, de variada atribuição),

o prazer (e o dever) da escolha

"romanas", "trevigiane", "apulianas", "lombardas",[1] etc. O mais famoso cozinheiro italiano do século XV, mestre Martino, em seu receituário arrola "couve à romana", "torta bolonhesa", "ovos à florentina" e muitas outras receitas "locais". Prescindindo da plausibilidade de cada atribuição individual, que pode ser fruto do acaso, da circunstância ou do equívoco, não há dúvida de que, nessa cultura, o que se visa é sobretudo unir, colocar juntas experiências diversas – italianas, mas não apenas italianas: alemãs, francesas, catalãs, inglesas... Tal modelo de cozinha potencialmente universal se encontra em todos os países europeus: há uma evidente afinidade de gostos e de sabores entre as receitas dos livros italianos e as dos países transalpinos.

Em suma, os pratos e produtos locais não têm, na Idade Média – como já na época antiga e como depois, no Renascimento –, a finalidade de *valorizar* as cozinhas do território (na medida em que existem). Somente com o passar do tempo, muito lentamente, esse cuidado começa a crescer. A inversão de tendência é percebida ao se concluir a estação do universalismo medieval e renascentista: consolidam-se então as identidades nacionais e, em seu interior, se definem – mas seria melhor dizer: se constroem – as identidades regionais. O orgulho dessas identidades cresce principalmente entre os séculos XVIII

---

1 Respectivamente: de Roma, de Treviso, da Apúlia, da Lombardia. (N. T.)

da geografia do gosto ao gosto da geografia

e XIX, quando aparecem, na Itália, os livros de receitas referentes à cozinha "piemontesa" ou "lombarda", "cremonense" ou "maceratese" ou "napolitana".[2] O *Apicio moderno*,[3] de Francesco Leonardi (1790), talvez represente a primeira tentativa orgânica de reunir os hábitos regionais da península, mas permanece o fato de que essas coletâneas de receitas ainda têm pouco de "regional" – se por "regional" entendemos os sistemas de cozinha hoje reconhecidos como tal.

A regionalidade como "sistema" é, naquele período, uma realidade *in fieri*.[4] Importante elo de transmissão é o receituário publicado em 1891 por Pellegrino Artusi, *La scienza in cucina e l'arte di mangiar bene* [A ciência na cozinha e a arte de comer bem], obra de extraordinário sucesso que, em mais de cem anos, teve dezenas e dezenas de edições, afirmando-se (juntamente com *Cuore* e *Pinóquio*) entre os mais longevos *best-sellers* da literatura italiana. O objetivo declarado do livro é unificar a Itália (que acabava de se constituir como Estado unitário)

---

2 Respectivamente: do Piemonte, da Lombardia, de Cremona, de Macerata e de Nápoles. (N. T.)

3 O nome do livro faz referência ao romano Marco Gávio Apício (Marcus Gavius Apicius, c. 25 a.C.-35 d.C.), a quem são atribuídas as receitas compiladas, em 230 d.C., por um cozinheiro de nome Célio na obra *De Re Coquinaria* (*A arte da cozinha*). Assim, o nome de Apício vincula-se à única fonte remanescente sobre a arte culinária dos antigos romanos. (N. T.)

4 Ou seja, ainda em formação. (N. T.)

o prazer (e o dever) da escolha

também na cozinha: para tal finalidade, o receituário reúne, funde, transforma os fragmentos de culturas locais que se queiram mostrar às burguesias citadinas do país em construção. Artusi nem sempre "descobre" as tradições locais; frequentemente ele as cria, as inventa, plasmando-as e adaptando-as a um gosto mediano que ele mesmo contribui de maneira decisiva para criar. Como escreveu Piero Camporesi, o projeto de unificação da Itália idealizado por Artusi funcionou muito melhor que o projeto de unificação linguística iniciado por Manzoni. Mas a unificação (e, por isso, em perspectiva, certa uniformização dos gostos e dos consumos) aconteceu por meio do maior conhecimento e da maior valorização das peculiaridades locais, caracterizando as várias culturas, as várias Itálias, sob o signo da curiosidade, do conhecimento e do respeito recíproco. Embora com limites evidentes – nem todas as regiões são igualmente representadas no receituário artusiano, e algumas regiões estão absolutamente ausentes –, a escolha de Artusi foi vencedora: é, de fato, nessa linha que se afirmam hoje as tendências mais apreciadas e qualificadas da gastronomia nacional. De resto, essa escolha se inseria perfeitamente na tradição cultural do "país Itália": Bartolomeo Scappi, no século XVI, propondo (a um público diferente e mais limitado, o das cortes aristocráticas) um modelo de cozinha "italiano" construído a partir de um ponto de observação privilegiado, a Roma pontifícia, na qual Scappi trabalhava como cozinheiro pessoal de Pio V, tinha em mente, também ele,

da geografia do gosto ao gosto da geografia

uma dimensão inter-regional e intermunicipal, de oposição e concordância entre realidades diferentes.

É essa "regionalidade" (ou melhor: essa dimensão local, que se agrega em torno das cidades e de seus territórios) que faz, hoje, a força da cozinha italiana, que a torna não apenas competitiva, mas, em geral, mais atual que outras cozinhas, como a francesa, historicamente afirmadas sob um modelo unitário, "nacional", de regras culinárias. A fraqueza da Itália-nação transformou-se, com o tempo, em um ponto forte.

O "gosto da geografia", portanto, não pertence ao passado. Somente no decorrer dos últimos dois séculos uma verdadeira mutação cultural, porém muitíssimo lenta, começou a inverter o critério de avaliação. O momento de desenvolvimento das cozinhas que hoje chamamos de "regionais" (atribuindo-as, excessivamente, a arquétipos históricos que nunca existiram) de fato é o século XIX, ou seja, exatamente o período da industrialização.

Pareceria um paradoxo, mas não é: o início do processo de uniformização e, potencialmente, de globalização dos mercados e dos modelos alimentares estimulou um novo cuidado em relação às culturas locais, a invenção – com base em fragmentos transmitidos pela história – de "sistemas" que gostamos de denominar de cozinhas regionais. Não se pode dizer que tenham nascido do zero, porque as diferenças locais sempre existiram: mas a territorialidade como *noção* e como *dado positivo* é uma invenção nova.

o prazer (e o dever) da escolha

Hoje, o território constitui um valor de referência absoluto nas escolhas alimentares. Não há restaurante da moda que não ostente, como elemento de qualidade, a proposta de uma cozinha vinculada ao território e aos alimentos frescos do mercado. Essa escolha, substancialmente inovadora, mesmo que baseada em elementos da tradição, desenvolve-se em concomitância com vários fenômenos, tanto de caráter econômico quanto cultural. O primeiro, que acabamos de lembrar, é o crescimento da uniformização que acompanhou o desenvolvimento da indústria alimentar: por reação, ela gerou o contrário, algo que escutamos chamar de *redescoberta* (mas deveríamos defini-lo simplesmente como *descoberta*) das "raízes" – um conceito ao qual será necessário voltar. O segundo é a transformação do gosto, em parte já mudado nos últimos séculos: se as cozinhas pré-modernas amavam os sabores artificiais, ou seja, concebiam a cozinha como um laboratório fortemente invasivo em relação à naturalidade do produto e de seu sabor original, a partir dos séculos XVII e XVIII afirmou-se, em vez disso (primeiramente na França, como vimos, depois em outros países europeus), uma nova cultura da naturalidade do gosto. O terceiro fenômeno é o enfraquecimento, com a passagem da sociedade da fome à sociedade da abundância, de um valor ligado ao consumo alimentar que sempre tinha sido de fundamental importância: o uso da comida como instrumento de distinção social. Em todas as sociedades tradicionais, o modo de comer é o primeiro sinal de diferença *da geografia do gosto ao gosto da geografia*

entre os indivíduos e as classes. Mas, no momento em que a comida se transforma em um bem difundido, esse código alimentar se embota, enquanto se afirma o valor do território como receptáculo de uma nova diferença: a *comida geográfica*. Não teria sido possível elaborar uma noção como essa numa sociedade e numa ideologia tão rigorosamente classistas como as da Europa pré-moderna. Na Idade Média, ninguém poderia ter pensado em uma "comida de território", porque a noção de território anula, ou pelo menos enfraquece, as diferenças sociais. No momento em que o paradigma da cozinha se torna o *espaço*, todos (em teoria) podem ocupá-lo, o senhor e o cidadão, exatamente como o camponês. Privilegiar a noção de território significa, por isso, sob um ponto de vista cultural, ter superado a noção de comida como primeiro e principal instrumento da diferença. Também por essa razão, o conceito de "cozinha de território" não pode ser antigo.

o paradoxo da globalização

A relação entre cozinha de território e cozinha internacional, entre um modelo "local" e um modelo "global" de consumo, é um dos temas prementes da cultura alimentar contemporânea.

A cozinha de território, como acabamos de ver, somente hoje alcançou um estatuto cultural forte, passando por uma trajetória como a da globalização alimentar, que parecia levar a resultados opostos. É justamente esse o paradoxo: em um mundo efetivamente fracionado como o antigo e o medieval, a aspiração era construir um modelo de consumo universal em que todos (aqueles que se podiam permitir) pudessem ser reconhecidos. Na aldeia global da nossa época, pelo contrário, afirmam-se os valores do específico local.

o prazer (e o dever) da escolha

O elogio da diversidade, que normalmente se une à promoção da cultura gastronômica, não é a nostalgia do passado, mas olha sobretudo para o presente e para o futuro.

Se a cozinha de território é essencialmente uma invenção moderna, a cozinha internacional tem, em vez disso (ao contrário do que se poderia pensar), raízes antigas. A cozinha romana "mediterrânea" e a medieval "europeia" eram cozinhas universais, abertas à totalidade do mundo conhecido e frequentado. Sua diferença em relação aos modelos atuais não estava tanto na taxa de "internacionalidade" (que, naquele tempo, assim como hoje, tendia a ser global) quanto na extensão do corpo social envolvido: antigamente, esse corpo social era limitado, circunscrito a uma cota mínima da população; hoje, embora não envolvendo de fato a sociedade inteira, refere-se a um percentual muito maior de consumidores.

Há que se dizer que as cozinhas "internacionais" do passado conheciam infinitas diferenças locais. Por exemplo, um dos pratos mais célebres da gastronomia medieval, o *"bianco-mangiare"*,[1] que devia seu nome ao fato de ser composto totalmente de ingredientes de cor branca (farinha de arroz, leite de amêndoas, miolo de pão, peito de frango ou carne de peixe, de acordo com o período litúrgico), está presente na maior parte dos livros de

---

1 Ou seja, "comida branca". (N. T.)

o paradoxo da globalização

cozinha italianos e europeus, mas em um grande número de variantes, ao todo 37, segundo o cálculo de Jean-Louis Flandrin, que mostrou que não existe nenhum ingrediente comum às 37 variantes de que se tem notícia. Depois, existem especificidades "nacionais" e "regionais", nas quais o próprio Flandrin insistiu, reconhecendo as origens antigas de muitos gostos atuais.

Sobre essa história, no decorrer do último século, a tendência à uniformidade dos consumos se tornou pouco a pouco mais forte e visível, seja pela multiplicação das trocas, seja pela afirmação da indústria alimentar e das multinacionais que controlam os mercados mundiais. Todos os italianos, todos os europeus hoje consomem coca-cola, suco de laranja, bife com batata frita, massa, arroz e centenas de outras coisas. O vinho é cada vez mais consumido nos países tradicionais da cerveja, a cerveja é cada vez mais consumida nos países tradicionais do vinho. O pão branco, que antigamente era um produto da elite (com poucas e limitadas exceções), hoje se tornou a norma na maior parte dos países do mundo. A porção de carne aumentou em todos os lugares, até mesmo nos países mediterrâneos, tradicionalmente vinculados a modelos de consumo vegetais. É como se a indústria alimentar tivesse criado um novo universalismo, dessa vez não elitista, mas de massa. A tendência à globalização dos consumos, que antigamente envolvia uma camada pequeníssima da população (as aristocracias das cortes, as altas burguesias citadinas), pouco a pouco se estendeu

o prazer (e o dever) da escolha

a estratos mais amplos: a pequena burguesia no curso do Oitocentos, toda a população no curso do Novecentos. Essa *expansão social da globalização* não deve, todavia, nos fazer esquecer sua antiguidade como modelo cultural.

Algo do universalismo medieval pode ser encontrado nas propostas de *world food* que se fazem de uma ponta a outra do mundo. Em um famoso restaurante de Paris, o Spoon, de Alain Ducasse, que o *Guia Michelin* define como "planetário", pode-se encontrar um menu redigido em inglês e legendado em francês, com três listas de alimentos entre as quais o cliente pode escolher livremente, compondo ele próprio os pratos (um pouco como acontecia nos banquetes da Idade Média ou do Renascimento, quando, porém, a escolha não se fazia pelo menu, mas a partir de repertórios *reais* de pratos): a primeira coluna arrola os diversos tipos de peixe e de carne, sugeridos crus, semicozidos ou cozidos de todas as formas possíveis; a segunda coluna traz os acompanhamentos; a terceira, os molhos. O cliente é convidado a combinar o prato do modo que mais lhe agrada (um pouco como acontece em certos livros para crianças, em que se podem construir imagens engraçadas ou monstruosas, escolhendo-se cada parte entre numerosas variantes) e a criar pratos "cruzados" que poderão ser ítalo-indo-nipo-mexicanos ou qualquer outra coisa. As louças também são intercambiáveis, e é possível utilizar, segundo o espírito do momento, talheres ou pauzinhos. Vinhos e água mineral vêm do mundo inteiro. Talvez seja o último estágio de uma

o paradoxo da globalização

"globalização de troca" (Jean-Robert Pitte) que não propõe um modelo único de consumo, como o McDonald's ou outros grupos de difusão mundial, mas mistura todas as coisas que consegue reunir sobre a mesa.

Entretanto, as diferenças não são realmente apagadas por essa onda de globalismo radical. Uma complexa geografia de hábitos alimentares persiste no interior da Europa, por exemplo, no uso da cerveja e do vinho, que estão se misturando, é verdade, mas continuam a ter uma forte natureza de identidade para as pessoas do centro-norte (a cerveja) e do centro-sul (o vinho). Persistem até mesmo nichos de consumo de cidra, que podem se sobrepor exatamente àqueles que se delinearam, no decorrer da Idade Média, no sul da Inglaterra e no norte da França. Embora condicionadas pela padronização dos consumos, as especificidades locais permanecem arraigadas nos hábitos, talvez principalmente no plano popular.

Na Idade Média, os usos dos cereais e da carne variavam de região para região e até hoje permanecem assim. O pão se tornou então um alimento comum, mas apenas nos países mediterrâneos, habituados desde a Antiguidade a considerá-lo um produto fundamental da subsistência diária, ele conserva um *status* de absoluta obviedade. Tanto que, em qualquer lugar do setor de restaurantes públicos, ele é incluído no chamado *couvert*, enquanto, em muitos países do norte (salvo exceções determinadas pela adoção de hábitos "mediterrâneos"), é necessário *pedi-lo* adequadamente. A própria noção de *acompanhamento*,

o prazer (e o dever) da escolha

que, atribuindo aos outros alimentos a função de "acompanhar" o pão, implicitamente confere a este último o papel prioritário e incentivador, parece permanecer (no uso linguístico e nas tradições culturais) exclusiva ou, no mínimo, uma característica da área românica. O termo (*acompanhamento*) é encontrado apenas nas línguas neolatinas, e não nas germânicas, que exprimem tradições culturais diversas, nas quais, apesar de toda mistura possível, o ponto de partida do sistema alimentar (no sentido material e ao mesmo tempo mental) permanece outro: não o pão, mas a carne.

Há, ainda, outra consideração a fazer: mesmo quando são recorrentes na gastronomia de diferentes países ou de diferentes regiões, comidas e bebidas, na realidade, nunca são idênticas. Por exemplo, o chocolate é adoçado de modo diferente de acordo com os países. Quando o chocolate suíço é destinado ao mercado francês, é menos açucarado para atender a um gosto diverso (e é curioso que, desde a Idade Média, os franceses tenham considerado os outros povos, sobretudo os italianos, como gente de gostos muito doces, que bebe vinhos ricos demais em açúcar e adiciona muito açúcar na preparação dos pratos). Outro exemplo: o café é consumido no mundo inteiro, mas em cada país (poderíamos dizer em cada região) é preparado de modo diferente. A própria coca-cola, símbolo por excelência da uniformização dos gostos, não tem, em todos os lugares, o mesmo sabor, mas é adaptada ao que as pesquisas de mercado conseguem identificar como gostos específicos de determinadas regiões.

Enfim, e especialmente, permanece diversa a *função* dos alimentos, o lugar que eles ocupam na estrutura das refeições, querendo dizer por "estrutura" o fato de que, como logo explicaremos melhor, os alimentos não são células errantes reunidas de modo casual, mas unidades de significado que interpretam um papel preciso no sistema alimentar. A massa na Itália constitui, quase sem exceções, um prato por si. Em outros países, é usada como acompanhamento da carne ou de outros pratos, suscitando arrepios de horror em muitos "puristas", aos quais seria útil lembrar como era, na Idade Média e no Renascimento, o modo original de emprego da massa, mesmo na Itália.

Ainda: a cerveja em alguns países é uma bebida para qualquer refeição; em outros países, como a Espanha, tradicional país do vinho, ela se tornou protagonista, mas com um papel diferente, porque, com frequência, é consumida *antes* da refeição, acompanhando a inumerável série de *petiscos* que os espanhóis adoram consumir antes de se sentar à mesa para a refeição propriamente dita, dessa vez acompanhada de vinho. Nesse caso, há uma espécie de deslocamento da cerveja para fora da refeição. Também na Itália o consumo de cerveja está crescendo, mas, se a cerveja na pizzaria já é uma presença óbvia, ainda não o é em uma refeição "canônica" de carne ou peixe, ou com um prato de massa.

o prazer (e o dever) da escolha

Sobre o papel ocupado pelos pratos isolados e pelos pratos isolados no "sistema" refeição, é significativo o caso dos hambúrgueres (outro lugar-comum do universalismo gastronômico) transportados da Disneylândia, nos Estados Unidos, para a Eurodisney, na Europa. O modelo organizativo para a produção de hambúrguer, exportado exatamente tal e qual era encontrado na Califórnia ou na Flórida, não funcionou em Paris. Por um simples e fundamental motivo: os frequentadores da Eurodisney apreciam, sim, os hambúrgueres, mas somente *na hora das refeições*, enquanto os americanos os consomem sem horário, da manhã à noite. Tal situação gerou notáveis dificuldades, porque um pessoal preparado com o objetivo de servir hambúrgueres ao longo de todo o dia revelou-se excessivo para as exigências da manhã e da tarde, mas insuficiente ao meio-dia, quando se criavam filas intermináveis de pessoas à espera do *déjeuner*. O hambúrguer, enfim, foi aceito, mas somente depois de ter se transformado em uma refeição normal, tornando-se o substituto do sanduíche ou do bife. O objeto, transportado de uma cultura para outra, foi repensado e reposicionado em uma lógica diferente da original. De resto, é evidente que as estratégias de mercado do McDonald's são atualmente marcadas por uma sensível diversificação da oferta e dos sabores nos vários âmbitos nacionais ou regionais. Realmente, campanhas publicitárias recentes tendem a validar uma nova imagem "mediterrânea" e "vegetariana" da marca.

o paradoxo da globalização

As diferenças não parecem, portanto, destinadas a desaparecer, mas, se for o caso, a se acentuar no contexto geral da globalização, que carregou de novos significados o cuidado com a descoberta-redescoberta--invenção das identidades alimentares. Em todo caso, as considerações que fizemos levam a acreditar que a cozinha "global" e aquela "local" podem coexistir (antes: uma de alguma forma produziu a outra), dando origem a um modelo inédito de consumo que alguns sociólogos propuseram chamar de "glo-cal". Porque as identidades, além de serem *mutáveis* no tempo, são *múltiplas*: o fato de que eu seja cidadão do mundo não me impede de ser cidadão europeu, e cidadão italiano, e cidadão da minha cidade, e cidadão da minha família, e assim por diante, multiplicando. Cada uma dessas identidades tem a *sua* forma particular de expressão alimentar, que, apesar das aparências, não se contrapõe às outras, mas convive com elas: não há qualquer contradição em se comer no McDonald's e, na refeição seguinte, querer *tagliatelle* caseiro ou a receita particular do restaurante da região. Nesses dois momentos, com esses dois gestos, apenas aparentemente contraditórios, tão diversos em conteúdo e em significado, exprimimos duas das identidades diversas que nos definem.

comida, linguagem, identidade

comer junto

Comer junto é típico (ainda que não exclusivo) da espécie humana: "Nós", diz um personagem de Plutarco em *Dispute conviviali* [Debates conviviais],[1] "não nos convidamos uns aos outros para comer e beber simplesmente, mas para comer e beber juntos". E uma vez que os gestos feitos junto de outros tendem a sair da dimensão simplesmente funcional para assumir um valor comunicativo, a vocação convivial dos homens se traduz imediatamente na atribuição de um *sentido* para os gestos que fazem ao comer. Também desse modo a comida se define como uma realidade deliciosamente cultural, não apenas em relação à própria substância nutricional, mas também às

---

1 O título latino original da obra é *Questionum convivialium*. (N. T.)

comida, linguagem, identidade

modalidades de sua assunção e de tudo aquilo que gira em torno dela. Por um lado, *substância* e *circunstância* assumem, ambas, um valor significativo, habitualmente coligadas uma a outra, uma vez que a "linguagem da comida" não pode prescindir – diferentemente das linguagens verbais – da concretude do objeto, do valor semântico intrínseco e, de algum modo predeterminado, do instrumento de comunicação. Por outro lado, pode acontecer, como observou Roland Barthes em um ensaio sobre a psicossociologia da alimentação contemporânea, que a "circunstância" se defina de modo tão autônomo, entrando em conflito com a "substância" nutritiva do alimento: o café, alimento excitante, pode assumir um valor social oposto quando vinculado à noção e à prática do relaxamento, da "pausa" entre dois momentos de trabalho.

Barthes afirmava que esses valores "de circunstância" são típicos da era contemporânea no sentido de que a comida, na sociedade da abundância, tende a enfraquecer o seu valor propriamente nutricional para, em vez disso, enfatizar os outros significados, por assim dizer, acessórios. Mas, em todas as sociedades, o sistema alimentar se organiza como um código linguístico portador de valores "acessórios", e em certo sentido poderíamos dizer (subvertendo a afirmação de Barthes) que a carga simbólica da comida é ainda mais forte quando ela é percebida como instrumento de sobrevivência diária. A fome, certamente, não permite muitas divagações para além da atenção imediata à detecção dos recursos. Mas é aquela mesma

comer junto

atenção que delimita um universo simbólico de grande riqueza que configura a mesa como metáfora da vida. A própria etimologia da palavra "convívio" sugere isso, identificando o viver junto (*cum-vivere*) com o comer junto. Não é uma imagem reservada a poucos eleitos: o substantivo solene e a raiz latina do convívio não devem mais nos impressionar tanto. Também a família camponesa define à mesa a própria identidade: "*Vivere a uno pane e a uno vino*" [Viver com um pão e um vinho],[2] ou seja, dividir a comida, na linguagem medieval, é um modo quase técnico de dizer que se faz parte da mesma família. E, ainda hoje, em várias expressões dialetais, a casa se identifica com a comida, que permite à comunidade doméstica viver ali, todos juntos: "Vamos para casa", no léxico tradicional da Romagna, quer dizer "Entremos na cozinha". Em todos os níveis sociais, a participação na mesa comum é o primeiro sinal de pertencimento ao grupo. Esse pode ser a família, mas também uma comunidade mais ampla: toda confraria, corporação, associação reafirma à mesa a própria identidade coletiva; toda comunidade monástica se reconhece no refeitório, onde todos são obrigados a dividir a refeição (e somente os "excomungados", aqueles que se mancharam com alguma culpa, são excluídos temporariamente).

---

2 O *Dizionario della lingua italiana*, de Francesco Cardinali e Pasquale Borelli (1846), esclarece o significado do ditado medieval: "*Convivere insieme*". (N. T.)

comida, linguagem, identidade

Apenas o eremita come em solidão: à rejeição da comida cultivada (em favor da silvestre) e à rejeição da cozinha (em favor do cru), que já identificamos como escolhas conscientes da negação da "cultura", não se pode deixar de juntar a negação, frequentemente temporária, da prática do convívio como modelo exemplar de consumo "cultural" da comida. Recuperando, talvez, certa forma de comensalidade com os únicos companheiros admitidos à presença do asceta – os animais selvagens. Colombano, que no fim do século VI experimentava a solidão dos bosques da Gália, viu-se dividindo as frutas agrestes com um urso milagrosamente manso. Algo parecido acontece com Ivan, o cavaleiro da narrativa de Chrétien de Troyes, no século XII, quando, impelido por uma imprudência insana, afasta-se da sociedade dos homens e busca refúgio na floresta: mas conseguirá, também ali, ser um comensal, dividindo a comida com um leão.

O banquete nobiliário também se define como instrumento de união e de solidariedade em torno do chefe. Mas atenção: comer junto não necessariamente significa estar em perfeita harmonia. Se a mesa é a metáfora da vida, ela representa de modo direto e preciso não apenas o pertencimento a um grupo, mas também as *relações* que se definem nesse grupo. Pensemos na diferença de papéis entre homens e mulheres em algumas sociedades camponesas: os homens sentados à mesa, as mulheres em torno, prontas para servir, consumindo em pé sua refeição. Pensemos, por um lado, na separação, nas comunidades monásticas (por outro lado, muitíssimo cuidadosas em representar nos rituais da mesa a igualdade de condição e de deveres de todos os confrades), entre a mesa comum e a do abade, na qual se sentam apenas os hóspedes de prestígio. Pensemos nos banquetes aristocráticos e na complexa "geografia" que os caracteriza. O *lugar* não pode ser atribuído ao acaso: de maneira mais ou menos formalizada de acordo com as épocas e os contextos sociais e políticos, ele serve para marcar a importância e o prestígio dos indivíduos – o chefe no centro, os outros a uma distância inversamente proporcional ao papel que a cada um é atribuído. No século X, na corte de Bizâncio, Liutprando de Cremona (embaixador de Otão I da Saxônia) foi colocado para comer em uma posição que ele considerou inadequada para o seu nível, e não deixou de protestar. Algo parecido, segundo a ficção de uma novela quatrocentista, teria acontecido a Dante Alighieri, que foi embora indignado da corte de Nápoles quando, tendo-se apresentado (atrasado, no entanto) modestamente vestido "de poeta", não foi reconhecido, sendo acomodado na extremidade da mesa (voltou depois, vestido de modo suntuoso, e lhe foi oferecido um lugar adequado: e então se divertiu em escandalizar os anfitriões, lambuzando-se de propósito com comida e vinho, pois, segundo ele, a honra não era para ele, mas para suas roupas; por isso, era justo fazê-las participar do banquete). Sobre esses assuntos, é possível, portanto, divertir-se, mas a própria possibilidade de brincar com isso

comida, linguagem, identidade

revela quanto são sérios e sinceros. A sua carga simbólica não se esgotará na época moderna, com a significativa variante de que, na monarquia absoluta, poderá acontecer de o chefe comer *sozinho* para que fique bem clara a diversidade, a estranheza de sua pessoa e de seu papel em relação aos próprios cortesãos que o circundam.

Esses tipos de ritualismo persistem ainda hoje quando se trata de exprimir relações formais (por exemplo, em um banquete diplomático, ou, seja como for, público), a menos que o objetivo não seja exprimir a *falta* de hierarquias, "o caráter democrático" do grupo e da mesa em torno da qual ele se reúne. Também por isso, creio, se difundiu, particularmente na moderna sociedade "democrática", o hábito da mesa *redonda*, menos adequada para marcar as diferenças e as hierarquias. A mesa medieval e a renascentista tinham, ao contrário, por definição, a forma *retangular*, mais adequada para definir distâncias e relações (mais excepcional ainda foi, naqueles tempos, a mesa redonda de Artur, que passou para a história em virtude de sua forma insólita).

No ritualismo convivial, o significado dos gestos é confiado à definição das regras que servem para delimitar o campo de ação, excluindo quem não as conhece e, portanto, não pode respeitá-las. Já as comunidades monásticas haviam elaborado uma série de regras que, à mesa, impunham silêncio, concentração, sobriedade de gestos, além de moderação ao consumir a comida. Nos séculos XII e XIII, apareceram os primeiros manuais para ensinar as "maneiras à mesa" aos rebentos da nobreza: gênero que depois faria grande sucesso na época contemporânea, com o *Cortigiano* [O cortesão], de Baldassarre Castiglione, o *Galateo*, do monsenhor Della Casa, e muitas outras obras produzidas nos vários países europeus. De modo distinto e em acepções diversas, são todos instrumentos dedicados a definir, a *distinguir* quem está dentro de quem está fora, quem participa de quem está excluído. Não é por acaso que os manuais de "boas maneiras" voltados para a aristocracia sempre tiveram uma referência negativa do camponês, que se comporta "mal", que "não sabe" quais são as regras e por isso (também por isso) é excluído da mesa senhorial. O comportamento alimentar torna-se um sinal das barreiras sociais, da impossibilidade de infringi-las.

Outra questão essencial do comer junto é a *partilha* da comida. A atribuição de um pedaço em vez de outro nunca é casual (a menos que, uma vez mais, não se queira exprimir a *falta* de hierarquias), mas reproduz as relações de poder e de prestígio no grupo. Disso, temos testemunhos significativos já na épica grega: nos poemas homéricos, aos hóspedes se oferece sempre o melhor pedaço. Na literatura céltica, em torno da divisão das carnes se desenrolam lutas furiosas entre os chefes de tribos antagonistas ou clãs rivais. De modo menos sangrento (mas apenas porque as relações de força são, no conjunto, mais rigidamente constituídas e na maior parte das vezes estão fora de discussão), a sociedade da corte da Idade

Média e do Renascimento identifica o corte da carne na sala de banquete, diante da mesa posta, como o momento decisivo do ritualismo convivial, de extraordinárias implicações simbólicas: daí a importância não apenas técnica, mas, por assim dizer, política do *trinchador* encarregado de tal operação.

Mas, como dizíamos, o caráter *expressivo* da refeição nunca é distinto do valor concreto (econômico e nutricional) dos alimentos consumidos. É, portanto, indispensável identificar uma gramática da comida e decodificar suas regras.

a gramática da comida

Em todas as sociedades, o modo de comer é regrado por convenções análogas àquelas que dão sentido e estabilidade às linguagens verbais. Esse conjunto de convenções, que chamamos de "gramática", configura o sistema alimentar não como uma simples *soma* de produtos e comidas, reunidos de modo mais ou menos causal, mas como uma *estrutura* na qual cada elemento define o seu significado.

O *léxico* sobre o qual essa linguagem se fundamenta evidentemente consiste no repertório dos produtos disponíveis, plantas e animais, tipo de morfemas (as unidades significativas de base) sobre os quais se construirão as palavras e todo o dicionário. Portanto, é um léxico que se define, segundo o caso, em relação à situação ambiental, econômica, social, cultural, uma vez que um produto

comida, linguagem, identidade

pode ser assegurado pelos recursos do território, mas também pelas relações comerciais; pode ser acessível para alguns, inacessível a outros (de acordo com as possibilidades de uso do espaço, nas economias de subsistência; as disponibilidades de mercado e o nível dos preços, nas economias monetárias); pode ser aceito ou rejeitado de acordo com os gostos (coletivos e individuais) ou com as opções culturais (penso na rejeição da carne por parte dos vegetarianos, ou na exclusão de certas comidas ou bebidas em determinadas tradições religiosas). Essas diferenças não excluem uma linguagem comum, ao contrário, pressupõem-na: quando, na Idade Média, as regras monásticas impõem ou sugerem a abstinência da carne, considerada, na época, o mais prestigioso, nutritivo e agradável dos alimentos, o aparente afastamento dos valores comuns na realidade os evoca, utilizando o mesmo léxico com o mesmo significado, ainda que precedido de um sinal de negação, funcional à dimensão penitencial da cultura monástica. Também os "léxicos especiais", reservados a um grupo restrito de consumidores, assumem um sentido distintivo somente numa cultura compartilhada: por isso, na Idade Média, o consumo de especiarias *distingue* os poucos que podem adquiri-las dos muitos aos quais são inacessíveis; inversamente, a ampliação do mercado das especiarias na idade moderna pouco a pouco reduz ou anula sua capacidade distintiva, que passa a outros produtos.

A *morfologia* se refere aos modos como os produtos são elaborados e adaptados às várias exigências de consumo, por meio das práticas de cozinha: gestos e procedimentos concretos (os modos de cozimento e de preparação) transformam as unidades de base em palavras, ou seja, em pratos ou comidas, de uso diverso e de função distinta. Por exemplo, com os cereais se podem fazer papas, pão, massa, tortas, fogaças: os ingredientes de base são os mesmos, diferente é o resultado gastronômico, determinado por uma qualidade diferente do trabalho realizado sobre eles. Os gestos e os procedimentos (as "receitas") sempre darão conta das relações entre as unidades de sentido: a expressão linguística "ravióli de abóbora", que utiliza o morfema gramatical "de" para designar o papel subordinado do segundo elemento em relação ao primeiro, na prática de cozinha será expressa simplesmente com o gesto de incluir o segundo no primeiro. E cada gesto terá seu significado. Acrescentar ao pão, à massa, às tortas um edulcorante qualquer (mel, açúcar, uva-passa, calda caramelizada de suco de uva, etc.) será suficiente para abandonar a dimensão nutricional e cotidiana do prato e entrar naquela do requinte, do festivo, do *dulcis in fundo*.[1]

A *sintaxe* é a estrutura da frase, que dá sentido ao léxico e às suas variantes morfológicas. No nosso caso, é

---

1 "O doce (vem) no fim (da refeição)"; algo como "final feliz". (N. T.)

comida, linguagem, identidade

a refeição, que ordena os pratos de acordo com critérios de sequência, de associação, de relação recíproca. Como na frase verbal, um ou mais protagonistas estão no centro da ação: o prato de carne e/ou de cereais, determinado diversamente de acordo com as culturas e as classes sociais, além da disponibilidade. Tentemos dar algum exemplo, referindo-nos ao universo camponês. As polentas, assim como o pão, frequentemente acompanham carne e verduras no prato: se faltam carne e verduras, o menu está capenga e indica que alguma coisa não funciona (no século XIX e no início do XX, a propagação da pelagra entre os camponeses italianos do norte deveu-se à falta de alguma complementação à polenta de milho). Mesmo a massa, na tradição medieval, acompanha os pratos de carne: a sua transformação em prato único, na Itália moderna, é o início de uma brilhante carreira solo, mas também o sinal de uma difícil situação alimentar (em Nápoles, no Seiscentos, o sucesso da massa coincidiu com a crise do abastecimento de carne no mercado urbano). Considerações análogas também valem para a composição de sopas e caldos, que, todavia, não acompanham, mas incluem carnes e verduras: sua vocação de prato único é, portanto, mais previsível, a não ser por alguma diferença específica. As tortas não apenas incluem, mas contêm os ingredientes, prestando-se a todo tipo de diferenciações e a uma gama muitíssimo ampla de significados, de evidência não imediata, dada a não visibilidade do conteúdo: bem diferente seria esconder em uma torta (à revelia do a gramática da comida

pessoal de serviço) uma folha de ouro, como aconselha um receituário italiano do fim da Idade Média, ou recheá-la com nada, como fizeram os cidadãos de Parma durante a carestia de 1246, quando, na falta de outra coisa, se contentaram em acumular uma sobre a outra quatro ou cinco camadas de massa quase vazia, com apenas alguma erva silvestre para temperar.

Em razão dos sujeitos principais, se definem, na estrutura sintática da refeição, os "complementos" que eventualmente precedem, acompanham, seguem: antepastos, *intermezzi*,[2] acompanhamentos, "*dessert*" (como estamos habituados a chamá-los hoje). Aos molhos se poderia atribuir um papel análogo àquele dos morfemas gramaticais, privados de significado autônomo, mas essenciais (como as conjunções ou as preposições) para determinar a natureza e a qualidade dos protagonistas. Os condimentos fazem parte mais da função de adjetivo da gramática, ou da função adverbial. Sua escolha pode estar de fato ligada a razões tanto econômicas (a disponibilidade de recursos) quanto rituais (na Europa cristã, o calendário litúrgico com suas obrigações "de magro" e "de gordo"), que conferem aos pratos uma colocação espaço-temporal típica dos advérbios. A alternância toucinho/óleo, com a possível variante local da manteiga, significa o pertencimento a

---

2 Comidas leves servidas entre dois pratos de uma refeição. (N. T.)

comida, linguagem, identidade

um território, a uma sociedade, a uma cultura, mas revela também o dia, a semana, o período do ano.

Enfim, a comida adquire plena capacidade expressiva graças à *retórica*, que é o complemento necessário de toda linguagem. Retórica é adaptar o discurso ao argumento, aos efeitos que se deseja suscitar. Se o discurso é a comida, a retórica é o modo como ela é preparada, servida, consumida. Comer "como um leão faminto que devora a presa", como faz Adelchi (filho do derrotado rei dos longobardos) depois de ser introduzido à mesa de Carlos Magno, para comunicar-lhe a presença e a própria provocação vingadora, quer dizer entregar à voracidade a tarefa de exprimir a força, a coragem, aquele senso de vigor animal que a sociedade aristocrática da alta Idade Média percebe como valor fundamental da própria identidade. O ritualismo silencioso dos monges, que têm a obrigação de escutar as leituras sagradas durante as refeições sem dizer uma palavra, vai numa direção totalmente diferente, exprimindo, nos modos do consumo, para além dos gêneros consumidos, um controle e uma disciplina que a regra e a escolha de vida impõem. Diversas formas retóricas, tomadas como exemplo pela sociedade de nosso tempo, são aquelas que qualificam a rapidez (quase sempre apenas imaginária) da "refeição de trabalho", contrapondo-a à maior duração da refeição noturna em família ou com os amigos.

substituições, incorporações

A natureza fortemente estruturada dos sistemas alimentares se reflete em sua tendência de reproduzir os modelos de referência: se num sistema cada elemento ocupa um lugar preciso, o primeiro objetivo será conservar esse lugar. Na tradição alimentar mediterrânea e europeia, um caso particularmente interessante é o do pão.

A história ensina que, em caso de penúria ou carestia, quando o habitual repertório de produtos repentinamente se reduz, são colocadas em ação sofisticadas estratégias de sobrevivência, diversas entre si, mas unidas por uma regra geral: mesmo no afastamento forçado das práticas costumeiras, deve-se permanecer o mais próximo possível da própria cultura, da "linguagem" que se conhece. A atitude prevalente é a da *substituição*: identificar algo que se possa utilizar *no lugar de* outra coisa. Nas

comida, linguagem, identidade

crônicas, são atestadas invenções de todo tipo para adaptar os recursos disponíveis às técnicas e às práticas conhecidas. O pão, se falta o trigo, pode ser feito com cereais inferiores – mas, nas camadas baixas da população, essa é uma prática habitual também em tempos normais. Ou se recorre aos legumes (sobretudo a fava) ou, nas regiões de montanha, às castanhas (não por acaso conhecidas como "pão de árvore"). Depois se passa às bolotas.[1] Depois, às raízes e às ervas silvestres. "Durante aquele ano", escreve Gregório de Tours, narrando acontecimentos do fim do século VI, "uma grande carestia oprimiu a Gália. Muitos faziam pão com as sementes de uva ou com as flores da avelaneira; outros, com raízes de samambaia prensadas, secas e reduzidas a pó, misturadas com um pouco de farinha. Outros faziam a mesma coisa com a erva cortada nos campos". Em casos extremos, recorre-se à terra. No ano de 843, segundo os *Annali* [Anais] de Saint Bertin, em muitos lugares os homens foram obrigados a comer terra misturada a um pouco de farinha e transformada "em forma de pão". A imagem antiga da "terra que nutre" aqui saiu da metáfora para se fazer realidade imediata (de fato, não faltam, em certas tipologias de *húmus*, tipos de terra de fato comestíveis). Mas atenção à expressão do cronista: a terra foi transformada "em forma de pão"

---

1 Frutos do carvalho ou da azinheira. (N. T.)

substituições, incorporações

(*in panis speciem*). A forma, a morfologia do alimento, é o que garante continuidade ao sistema.

O "pão de carestia" reaparece com frequência nas fontes. Em 1032-1033, conta Raoul Glaber, "tentou-se um experimento que, pelo que sabemos, nunca foi feito noutro lugar. Muitos extraíam uma areia branca, parecida com argila, e, misturando-a à quantidade disponível de farinha e de farelo, tiravam dali uns pãezinhos, para tentar, também assim, afugentar a fome". Infelizmente, sem grande resultado, e com consequências deploráveis no plano higiênico. Todavia, era essa, como justamente notou Pierre Bonnassie, a resposta mais "racional" à carestia, antes de levar a outras formas de comportamento, induzidas pelo pânico ou pela loucura. Somente a renúncia às práticas habituais de preparação e de cozimento do alimento – não só o consumo de certos produtos – é percebida como sinal de abdicação à própria identidade, de resvalamento na animalidade: comer ervas "como as bestas", sem tratá-las nem cozinhá-las, esse é o passo decisivo. Enquanto negar aos porcos as bolotas e moê-las com outros ingredientes improvisados e tentar transformá-las em pão (como nos informa outro cronista, Goffredo Malaterra, referindo-se à dramática carestia de 1058 na Itália meridional) ainda é um gesto cultural, que tira proveito de técnicas de sobrevivência elaboradas e transmitidas oralmente por gerações de famintos: "Como é hábito dos pobres (*sicut pauperibus mos est*), misturavam

comida, linguagem, identidade

ervas a um pouco de farinha", observa uma crônica, registrando a carestia ocorrida na Suábia em 1099.

Mas os mesmos textos científicos não deixam de se ocupar do assunto. Na Idade Média, numerosas indicações sobre os "pães de carestia" são encontradas nos tratados de agronomia da Espanha muçulmana. Eles "mobilizam a serviço da alimentação cotidiana um saber complexo" (Lucie Bolens), herdado da tradição agronômica, farmacológica e dietética dos antigos. Dos cereais, das leguminosas e das plantas forraginosas, até as verduras e os frutos domésticos, para chegar às ervas e às raízes agrestes, aos caroços e às plantas medicinais, é uma sucessão de técnicas que progressivamente se afastam da norma e exigem maior cuidado, maior prudência. Ibn al-Awwan ensina como se valer de frutos que naturalmente não seriam comestíveis, mediante tratamentos que nascem da observação e – veja bem – do gosto: "É preciso verificar o gosto de base dessas plantas e procurar eliminá-lo utilizando-se procedimentos adequados; quando o gosto desaparece, o fruto é seco ou moído, e então se procede à panificação".

Nessas histórias, o que me parece particularmente notável é a permanência de contínuas e diretas referências às práticas alimentares correntes. Se voltarmos à imagem da alimentação como sistema linguístico, seria como introduzir variações no léxico, não (nos limites do possível) na estrutura morfológica e sintática do discurso. Também esta, naturalmente, pode se modificar, mas somente depois de mudanças importantes, profundas, talvez traumáticas.

substituições, incorporações

Já vimos alguns casos, considerando – por exemplo – a crise alimentar que atingiu a cidade de Nápoles no século XVII, transformando o modelo de consumo tradicional, baseado na carne e nas verduras com acompanhamento de cereais, em um novo modelo, que atribuía à massa (condimentada com queijo) um novíssimo papel de "prato único". Por outro lado, com numerosas variantes, essa foi a tendência de base da alimentação europeia nos últimos séculos da Idade Média e depois na era moderna: as camadas inferiores da sociedade, sobretudo rurais, mas também urbanas, se voltaram cada vez mais para o consumo quase exclusivo de cereais, enquanto a carne, graças a mecanismos de seleção econômica e social induzidos pelas relações de propriedade, de produção e de mercado, se apresentou cada vez mais como produto de elite (assim permanecendo até os séculos XIX e XX).

O mecanismo da substituição de vez em quando assume dimensões diversas, saindo do âmbito da contingência para incorporar estavelmente as variantes no sistema. Fenômenos desse gênero acontecem sobretudo na presença de produtos novos: nos primeiros séculos da era vulgar,[2] o cultivo do centeio e da aveia (antes disso conhecidos apenas como plantas silvestres) coincidiu, na

---

2 *Era volgare*: na Itália, período de afirmação de uma tradição escrita diversa da latinizante, marcando as origens da língua italiana escrita e correspondendo, aproximadamente, ao espaço de tempo entre o século X e o início do Renascimento. (N. T.)

comida, linguagem, identidade

Europa, com um forte declínio do trigo. Mas o exemplo que mais chama atenção é o dos produtos americanos, que invadiram a Europa (depois da conquista e da sujeição do novo continente) entre o fim do Quatrocentos e a metade do Quinhentos.

A atitude em relação aos recém-chegados, como acontece normalmente nesses casos, foi de grande curiosidade, mas também de grande cautela, tanto que foram necessários mais ou menos três séculos para que eles fossem "adotados" de modo definitivo, inserindo-se na dieta dos europeus (e em outras regiões do mundo) de um modo tão profundo e "sistemático" que hoje seria difícil imaginar a Europa sem o milho ou a batata, o tomate ou o pimentão. Ou sem a pimenta-malagueta, que em certas tradições nossas – pensemos na cozinha calabresa ou, em outros lugares da Europa, na húngara – se tornou "autóctone", a ponto de fazer esquecer sua origem exótica. Mas tal trajetória é instrutiva justamente porque manifesta a capacidade dos sistemas alimentares de mudar e ao mesmo tempo de reafirmar a própria identidade, regenerar-se com aportes externos, incorporar o desconhecido, assimilando-o – um mecanismo bem conhecido, no plano psicológico, além de cultural. Nesse caso específico, o "truque" consistiu em tratar – ou, como veremos logo, na *crença* de poder tratar – os produtos novos com procedimentos e preparações tradicionais.

Naturalmente: a difusão dos novos produtos foi incentivada, antes de mais nada, por razões de necessidade e

substituições, incorporações

de fome, que, diante da enorme produtividade das plantas americanas, por fim levaram a melhor sobre qualquer desconfiança ou medo. Mas os mecanismos de adaptação também foram decisivos. Quando, no século XVIII, a batata começou realmente a granjear espaço nos campos e nas mesas dos camponeses europeus, agrônomos e intelectuais – com Augustine Parmentier na dianteira – fizeram propaganda do produto, procurando convencer os camponeses (e estando eles próprios convencidos) de que a farinha de batata poderia servir para fazer pão: este, o pão, era o alimento que os camponeses europeus conheciam e desejavam há séculos. O objetivo se revelou ilusório, mas serviu para apresentar o novo produto, que, no entanto, começou a ser empregado de outros modos, às vezes novos, às vezes tradicionais: entre estes, particularmente significativo é o emprego da batata na massa do nhoque, prato muitíssimo popular desde a Idade Média, que por séculos era feito apenas com farinha de trigo e de rosca. Por outro lado, a gastronomia oitocentista não demorou a valorizar a batata de muitos modos diversos e em grande parte novos em relação à tradição.

Análoga no plano cultural, ainda que diversa nos resultados, foi a trajetória do milho, introduzido nas áreas rurais de algumas regiões europeias desde a primeira metade do Quinhentos e que cresceu progressivamente em popularidade nos séculos seguintes. O milho tinha sido, por milênios, o alimento principal de diversas populações americanas, empregado em muitas preparações com

comida, linguagem, identidade

diferentes tipos de cozimento, diferentes condimentos, diferentes hábitos gastronômicos. Porém, no além-mar, ninguém jamais o tinha empregado para fazer a polenta, enquanto foi esse o uso principal ao qual ele foi destinado na Europa. O motivo dessa "reinterpretação" é simples: na Europa, a tradição alimentar era caracterizada desde a Idade Antiga pelo uso de polentas como prato-base da cozinha camponesa: na Roma antiga, a polenta era feita com a espelta, na Idade Média, com o milhete e com outros cereais como o painço, o sorgo ou a própria espelta. A aceitação do novo produto foi tão mais convicta quanto mais se mostrou possível sujeitá-lo ao uso tradicional. Mas esse ingresso do milho nos costumes alimentares europeus, na *função* gramatical essencial, que até aquele momento tinha sido assegurada por outros produtos, significou seu progressivo desaparecimento dos hábitos de cozinha e das práticas de cultivo. Esse processo de substituição envolveu até sua terminologia, quando, em certas línguas ou dialetos europeus, o milho "invadiu" nomes de cereais mais antigos e conhecidos: *millet* (milhete) foi chamado na França; *melega*, ou seja, sorgo, no norte da Itália; na Hungria, foi *tengeribúza*, ou seja, milho marítimo;[3] nos Bálcãs, de acordo com a região, foi chamado de fava, milhete, sorgo, trigo, trigo túrgido, etc.

---

3 Cereal usado como forragem para peixe. (N. T.)

substituições, incorporações

Ainda diversa, mas também parecida, foi a aventura europeia do tomate. Também a ele, assim como ao trigo e à batata, custou se afirmar, e quando isso aconteceu foi sobretudo em formas conhecidas, reconhecidas e reconhecíveis. Primeiramente, se usou fritá-lo em frigideira "como os cogumelos e as berinjelas" (assim afirma Costanzo Felici, botânico e gastrônomo do século XVI). Mas o acontecimento decisivo que lhe marcou o salto foi sua transformação em molho de acompanhamento, empregada já desde o século XVII com carnes e peixes (primeiramente na Espanha e depois na Itália), e no século XIX (na Itália) sobre a massa, sendo adaptado a uma fisionomia típica da tradição europeia: desde a Idade Média, os tratados de cozinha dedicam amplíssimo espaço à preparação dos molhos, indispensável acompanhamento de todos os pratos, sobretudo – mas não apenas – de carnes e peixes. O tomate, portanto, também foi acolhido nas cozinhas do velho continente somente depois da sua redução morfológica a algo de conhecido, nesse caso um molho, que o tornava plenamente compatível com os hábitos tradicionais, embora introduzindo uma nova nota de sabor e de cor.

Toda *new entry* de alimentos se compara ao aparecimento de novos termos no patrimônio lexical de uma língua: morfemas e palavras novas que, de alguma forma, substituem as velhas, provocando seu desaparecimento ou condenando-as à marginalidade. Se o milho apagou a tradição medieval do milhete e do sorgo, o sucesso da batata viu rapidamente declinar a importância do nabo,

comida, linguagem, identidade

que nos séculos medievais tinha sido absolutamente central nos modelos de consumo camponeses. Do mesmo modo – dessa vez nas mesas ricas –, o peru americano substituiu o pavão, tirando-lhe ainda a função cenográfica, tão cara às aristocracias medievais. A pimenta-malagueta, ao contrário, se afirmou como "especiaria dos pobres", preenchendo talvez (como sugeriu Dominique Fournier) o vazio da oferta para uma demanda "popular" modelada em termos imitativos dos consumos das classes altas.

Fenômenos análogos são verificados com as bebidas: a difusão do chá e do café, do Seiscentos em diante, marcou a diminuição significativa do consumo de vinho e cerveja. Os novos produtos conseguiram assumir de fato, graças à interessada cumplicidade das companhias comerciais, alguns papéis tradicionalmente interpretados pelas bebidas alcoólicas, que, desde a Idade Antiga, abrangiam uma faixa muito ampla de motivos de consumo (nutritivos, conviviais, salutares, rituais, etc.), afirmando-se como consumo num amplo raio, quase sem concorrência. Os novos produtos, em medida diversa, de acordo com os lugares e com os grupos sociais, quebraram essa situação de monopólio e foram ocupar uma parte daqueles espaços: o chá substituiu em parte o vinho ou a cerveja como bebida de socialização no decorrer do dia, mas, em certos casos, como bebida de acompanhamento de comidas durante as refeições; além disso, médicos ingleses e holandeses (curiosamente, justamente cientistas dos países

substituições, incorporações

mais empenhados na campanha promocional a favor dos novos consumos) não hesitaram em propô-lo como panaceia para uma grande variedade de males – exatamente como haviam feito os médicos medievais tratando do vinho, ou como fizeram, no século XVII, certos médicos franceses tratando do café. O cruzamento de interesses econômicos, políticos, fiscais que giram em torno dos novos produtos é forte demais para não tornar suspeito o interesse da ciência médica (fenômenos apenas de *Ancien Régime*?), mas o que desejo sublinhar é uma vez mais a dimensão *estrutural* dos consumos alimentares, permeáveis às novidades somente à custa de modificações baseadas em mecanismos *substitutivos*, mais que de adjunção, ou seja, na transferência de *funções* de um produto a outro. Isso fica claro não apenas se considerarmos a evolução histórica dos consumos europeus, mas também se colocarmos em confronto a sociedade ocidental e as sociedades orientais (chinesa, indiana, japonesa e outras), que tradicionalmente não conhecem o uso do vinho ou da cerveja: nesses casos, com frequência, é justamente o chá que exerce o mesmo papel que o vinho e a cerveja têm na Europa. Em sentido inverso, a aparição do vinho ou da cerveja nas mesas orientais (vinculada, no século XX, a modas importadas ou a novas realidades produtivas) ocorre em prejuízo do consumo tradicional de chá. Exatamente o contrário do que aconteceu na Europa entre os séculos XVIII e XIX.

identidade, troca: tradições e "origens"

A analogia entre comida e linguagem, que colocamos em discussão como sistemas de sinais, além de (no caso da comida) realidades materiais, dá a ambas a conotação de códigos de comunicação, que, dentro e fora das sociedades que os exprimem, transmitem valores simbólicos e *significados* de natureza variada (econômicos, sociais, políticos, religiosos, étnicos, estéticos, etc.). Assim como a língua falada, o sistema alimentar contém e transporta a cultura de quem a pratica, é depositário das tradições e da identidade de um grupo. Constitui, portanto, um extraordinário veículo de autorrepresentação e de troca cultural: é instrumento de identidade, mas também o primeiro modo para entrar em contato com culturas diversas, uma vez que comer a comida de outros é mais fácil – pelo menos aparentemente – que decodificar sua língua. Mais

comida, linguagem, identidade

ainda que a palavra, a comida se presta a mediar, entre culturas diversas e abrindo os sistemas de cozinha a todo tipo de invenções, cruzamentos e contaminações.

As duas noções de *identidade* e de *troca*, frequentemente evocadas quando se trata de cultura alimentar, vêm às vezes contrapostas, quase como se a troca – ou seja, o confronto entre identidades diversas – fosse obstáculo à salvaguarda das identidades, do patrimônio cultural que cada sociedade reconhece no próprio passado. Numa perspectiva como essa, que deliberadamente se combina à desconfiança pelo diverso, ao medo da contaminação, a formas mais ou menos exasperadas de bloqueio e de intolerância, a história é costumeiramente evocada como lugar de produção das "origens", de "raízes" mais ou menos míticas às quais se faz referência para a conservação da própria identidade. Mas a história nos mostra exatamente o contrário: que as identidades culturais não são realidades metafísicas (o "espírito dos povos") nem estão inscritas no patrimônio genético de uma sociedade, mas se modificam e se redefinem incessantemente, adaptando-se a situações sempre novas, determinadas pelo contato com culturas diversas.

Um caso exemplar é o da Idade Média europeia, que, como já revelamos, viu a formação de uma nova identidade alimentar e gastronômica, substancialmente inovadora em relação ao passado (do qual, além disso, transmitia a herança), graças a uma extraordinária experiência de contaminação, também conflituosa, entre culturas diversas e,

identidade, troca: tradições e "origens"

em certa medida, opostas. A nova civilização, como sabemos, nasceu da junção da tradição romana (retomada e reforçada pelo cristianismo) com a tradição "bárbara": a cultura do pão, do vinho e do óleo se entrecruzou com a cultura da carne, da cerveja e das gorduras animais, e o que surgiu disso foi um modelo inédito de produção e de consumo, em que a carne (sobretudo a carne de porco) estava ao lado do pão como "valor forte" do sistema, numa dinâmica de recíproca integração, ao mesmo tempo econômica e simbólica, que constitui um dos mais interessantes episódios da história da cultura alimentar. Desse modo, de fato, o pão e o porco, e com eles o vinho, tornaram-se os símbolos alimentares da identidade europeia, justamente no momento em que, nas orlas meridionais do Mediterrâneo, se afirmava uma nova fé, a islâmica, que não carregava aqueles alimentos de significados simbólicos igualmente decisivos (o pão) ou até mesmo os rejeitava como impuros (o vinho e o porco). Tal história – emblemática do caráter dinâmico da história da alimentação, da natureza justamente _histórica_, e por isso mutável, de todas as identidades alimentares – acabou por projetar ao norte do Mediterrâneo alguns "valores" que haviam se desenvolvido em outros lugares e que no passado caracterizaram outras culturas: a civilização do pão e do vinho nasceu nas regiões do Oriente Próximo e Médio afro-asiático; da Idade Média em diante, tornou-se sobretudo europeia.

A cultura islâmica, por outro lado, não participou dessa mudança de percurso somente em termos de alteridade

comida, linguagem, identidade

negativa, mas forneceu, ela mesma, um aporte decisivo ao novo modelo gastronômico elaborado na Europa medieval. Do Oriente Médio e da África, chegaram novas plantas e novas técnicas agrícolas: a cana-de-açúcar, as frutas cítricas, hortaliças como a berinjela ou o espinafre. Árabes e sarracenos "mediaram" no Ocidente o gosto oriental pelas especiarias, pelo agridoce, pelo doce-salgado, retomando modelos já praticados pela gastronomia romana, mas em formas diversas e menos exclusivas. Para a Europa, também levaram a planta e a cultura do arroz. Na Sicília, introduziram o uso da massa seca, tipo de consumo que também os hebreus estavam difundindo na Europa, destinado a ter grande sucesso, sobretudo em território italiano. Também nesse caso, a *tradição* se afirmou e se desenvolveu bem distante dos lugares de *origem*: duas palavras – tradição, origem – que deveríamos aprender a distinguir melhor. Os historiadores, depois da lição de Marc Bloch, já aprenderam a desconfiar do "mito das origens" para se concentrar mais nos mecanismos históricos de difusão dos fenômenos.

Que as identidades alimentares (e culturais, em geral) são produto da história, apenas parcialmente imputável a situações ambientais e geográficas, descobrimos com clareza também no processo de construção da chamada "dieta mediterrânea", apressadamente celebrada (sobretudo pela mídia americana) como fruto de uma "sabedoria antiga", de uma "tradição" longamente experimentada. Agora, à parte o fato de que falar de "dieta mediterrânea" no singular é um tipo de abstração metafísica, que ignora a variedade extrema de situações que a própria geografia criou entre – suponhamos – Provença e Líbano, Tunísia e Dalmácia, Sicília e Egito; fora isso, devemos admitir que muitos fatores constitutivos dessa "dieta mediterrânea" não são na realidade, na origem, mediterrâneos, mas vêm de uma história, frequentemente de fresca data, de trocas e de cruzamentos com outras regiões e continentes do mundo. As cozinhas mediterrâneas atuais na verdade não têm muito de antigo, salvo o uso do pão, do vinho, do azeite de oliva, da carne ovina, da cebola e de algumas outras coisas. Dos molhos salgados de peixe e fermentados, como o *garum*, de uso corrente na Idade Antiga no mundo grego e romano e que permaneceram em uso ainda na Idade Média, já não resta nada nos hábitos reais das populações: qualquer tentativa de recuperação, feita principalmente por curiosidade, não muda o fato de que aquele gosto não pertence mais à cozinha mediterrânea, enquanto é encontrado no sudeste da Ásia, em particular no molho vietnamita chamado *nuoc mam*. Ao contrário, os sabores mediterrâneos atuais afirmaram-se, em época recente, como bem demonstrou Louis Stouff para a Provença, sublinhando a "modernidade" de tudo o que hoje confere personalidade àquela cozinha: a berinjela e a alcachofra são aportes da Idade Média tardia, o feijão e o tomate (como as batatas, o milho e tantas outras coisas) vêm da América. O próprio manjericão, até a época renascentista, não parece presente na cozinha. As

comida, linguagem, identidade

verduras, de resto, consideradas hoje elemento-base da chamada dieta mediterrânea, tiveram pouca importância como "valor" alimentar em toda a Idade Média e, depois, se não como saída pobre de quem não podia se permitir carne suficiente, considerada por todos o principal fator constitutivo de uma dieta salutar. Mais recente ainda é o uso generalizado do azeite de oliva, que se produzia já na época antiga, mas em quantidade muito reduzida, e em grande parte reservado à cosmética.

As cozinhas mediterrâneas (no plural) não são, portanto, uma realidade atávica, mas o ponto de chegada, evidentemente provisório, de uma complexa evolução histórica. A Ásia e a América foram, tanto quanto a África e a Europa, essenciais na definição das características daquele sistema alimentar, que, por um lado, estamos habituados a definir como "mediterrâneo" e que, por outro lado, constitui somente um dos muitos modos de comer naquele âmbito geográfico.

As identidades não estão escritas no céu.

raízes
(uma metáfora para se
usar até o fundo)[1]

As histórias que contamos nos lembram que toda cultura, toda tradição, toda identidade é um produto da história, dinâmico e instável, gerado por complexos fenômenos de troca, de cruzamento, de contaminação. Os modelos e as práticas alimentares são o ponto de encontro entre culturas diversas, fruto da circulação de homens, mercadorias, técnicas, gostos de um lado para o outro do mundo. Digamos mais: as culturas alimentares (e as culturas em geral) são mais ricas e interessantes quanto mais os encontros e as trocas tenham sido vivazes e frequentes – por

---

1 No original, *fino in fondo*: a expressão pode ser traduzida por "até o fim", mas optamos pela literalidade para que se mantivesse evidente o destaque ao duplo sentido estabelecido pelo autor em relação à palavra "raízes". (N. T.)

comida, linguagem, identidade

exemplo, nas situações de fronteira. A procura das raízes, quando é feita com método crítico, e não por trás da sugestão de impulsos emotivos, nunca chega a definir um *ponto* do qual partimos (talvez para nos perder, como o imaginário coletivo frequentemente fantasia), mas, ao contrário, um cruzamento de fios cada vez mais amplo e complicado à medida que nos afastamos de nós. Nesse intrincado sistema de aportes e relações, não as raízes, mas *nós* somos o ponto fixo: a identidade não existe no início, mas no fim do percurso. Se justamente de raízes quisermos falar, usemos até o fundo a metáfora e imaginemos a história da nossa cultura alimentar como uma planta que *se abre* (não: se contrai) à medida que afunda no terreno, buscando a linfa vital até onde consegue alcançar, introduzindo suas raízes (precisamente) em lugares os mais distantes possíveis, por vezes impensáveis. O produto está na superfície, visível, claro, definido: somos nós. As raízes estão abaixo, amplas, numerosas, difusas: é a história que nos construiu.

guia à leitura

Fabricar a própria comida

A oposição cultura/natureza, elemento fundamental (em toda a sua ambiguidade) da identidade e da autorrepresentação dos grupos humanos, é um *tema* clássico da literatura antropológica. Em particular sobre os modelos de comportamento alimentar, o ponto de partida é, inevitavelmente, Claude Lévi-Strauss, que a essas reflexões dedicou o primeiro dos três tomos das *Mythologiques* [Mitológicas]: *Le cru et le cuit* [O cru e o cozido], 1964; *Du miel aux cendres* [Do mel às cinzas], 1966; *L'origine des manières de table* [As origens das boas maneiras à mesa], 1968, publicados em Paris, pela Plon. As traduções italianas saíram pela Il Saggiatore, de Milão (*Il crudo e il cotto*, 1966; *Dal miele alle cenere*, 1970; *Le origini delle buone maniere a tavola*, 1971).

Sobre a economia pré-histórica e a avaliação do desenvolvimento agrícola em termos de resposta a novas necessidades, pode-se ler MARSHALL SAHLINS, *L'economia dell'età della pietra: scarsità e abbondanza nelle società primitive* [A economia da Idade da Pedra: escassez e abundância nas sociedades primitivas], Milão, Bompiani, 1980 (orig. inglês *Stone Age Economics*, 1972).

LUCA CAVALLI SFORZA mostrou, como geneticista, a confluência dos dados biológicos com os linguísticos e arqueológicos no mapeamento da expansão das sociedades agrícolas sobre a Terra. Para uma abordagem sintética de tal perspectiva, pode-se ver *Chi siamo? La storia della diversità umana* [Quem somos? A história da diversidade humana], Milão, Mondadori, 1993 (escrito, com a intenção também divulgadora, a quatro mãos com FRANCESCO CAVALLI SFORZA).

Uma ampla escolha de narrativas "de base", extraídas das tradições de diversas áreas culturais do mundo, muitas das quais relativas à relação entre homem e natureza, foi proposta por RAFFAELE PETTAZZONI, *Miti e leggende* [Mitos e lendas], vols. I-IV, Turim, Utet, 1948-1963. Na sequência, GIOVANNI FILORAMO reorganizou esses materiais por grupos temáticos: veja-se em particular *In principio: i miti delle origini* [No princípio: os mitos das origens] e *Quando le cose erano vive: miti della natura* [Quando as

guia à leitura

coisas estavam vivas: mitos da natureza], editados sempre pela Utet, respectivamente em 1990 e 1991.

No livro *A fome e a abundância: história da alimentação na Europa*, editado pela Laterza, em 1993, mostrei a persistência dessas oposições (cultura/natureza, doméstico/selvagem) ainda em tempos históricos recentes e, de algum modo, até os nossos dias.

Sobre o processo histórico de "civilização", entendido como o progressivo afastamento do "estado de natureza", é inevitável retomar o discurso, mas sempre fundamental trabalho, de NORBERT ELIAS, *Uber den Prozess der Zivilisation, I, Wandlungen des Verhaltens in den westlichen Oberschichten des Abendlandes* [O processo civilizador, vol. 1: uma história dos costumes], Frankfurt, Suhrkamp, 1969, com introdução acrescida ao texto original de 1936 (tradução italiana *La civiltà delle buone maniere* [A civilização das boas maneiras], Bolonha, Il Mulino, 1982).

As práticas de conservação do alimento não receberam atenção particular nas pesquisas de historiadores e antropólogos. Entre os não muitos trabalhos dedicados ao tema, assinalo a compilação *Food conservation: Ethnological studies* [Conservação de alimentos: estudos etnológicos], organizada por ASTRI RIDDERVOLD e ANDREAS ROPEID, Londres, Prospect Books, 1998, que enfrenta o tema não apenas do ponto de vista técnico, mas também em suas implicações culturais e sociais. Uma pesquisa específica, centrada na conservação como base do sistema alimentar e, de modo mais geral, do sistema de vida e das relações sociais, familiares e de gênero de toda uma sociedade, foi dedicada às tradições libanesas por AIDA KANAFANI-ZAHAR. *Mune, la conservation alimentaire traditionnelle au Liban* [Mune, a tradicional conservação dos alimentos no Líbano]. Paris, Éditions de la Maison des Sciences de l'Homme, 1994. Menos exigentes no plano da reflexão teórica, mas extremamente úteis como repertório de técnicas de conservação tradicionais, são os volumes da série *Atlante dei prodotti tipici* [Atlas dos produtos típicos], produzidos pelo Istituto Nazionale di Sociologia Rural sob a direção de CORRADO BARBERIS (*I formaggi* [Os queijos], *I salumi* [Os embutidos], *Le conserve* [As conservas], todos publicados pela Agra/Rai Eri). Do terceiro dos volumes citados, p. 7, tirei a reflexão de Girolamo Sineri.

Outros livros citados: EDWARD HYAMS, *E l'uomo creò le sue piante e i suoi animali: storia della domesticazione* [E o homem criou suas plantas e seus animais: história da domesticação], Milão, Mondadori, 1973 (volume sem caráter científico, que reúne duas obras do autor, *Plants in the service of man* [Plantas a serviço do homem] e *Animals in the service of man* [Animais a serviço do homem], 1971-1972); FERNAND BRAUDEL, *Le strutture del quotidiano* [As estruturas do cotidiano], Turim, Einaudi, 1982, primeiro volume da obra *Civilità materiale, economia e capitalismo* [Civilização material, economia e capitalismo] (orig. francês *Les structures du quotidien: le possible et l'impossible*, Paris, Colin, 1979); RODNEY HILTON, *Bond men made free: Medieval peasant movements and the English rising of 1381* [Homens unidos conquistaram a liberdade: movimentos camponeses da Idade Média e a Revolta Camponesa de 1381], Londres, Temple Smith, 1973.

A invenção da cozinha

As considerações de Françoise Sabban sobre a percepção diversa da ideia de "cozinha" no mundo chinês em relação à tradição ocidental podem ser lidas na *Apresentação* ao vol. II do *Atlante dell'alimentazione e della gastronomia* [Atlas da alimentação e da gastronomia], organizado por Massimo Montanari e Françoise Sabban, Turim, Utet, 2004, pp. vii-viii. Essa obra poderá aludir a um quadro potencialmente completo, em todo caso amplamente representativo das tradições alimentares e das cozinhas nas várias partes do mundo, sob o duplo perfil do desenvolvimento histórico e da conotação ambiental e cultural.

O trabalho de Jack Godoy ao qual fiz referência é *Cooking, cuisine and class: a study in comparative sociology* [Cozinha, culinária e classe social: um estudo de sociologia comparativa], Cambridge, Cambridge University Press, 1982. Trata-se de uma obra (não disponível em tradução italiana) extremamente importante no plano metodológico, que introduz de modo forte no debate antropológico o dado social (ou seja, as diferenças de classe), propondo-o como fator decisivo na determinação das culturas alimentares e insistindo na diversidade substancial, no desenvolvimento e na capacidade de afirmação de tais culturas, entre tradições orais e escritas. Também tomando nota de tais sugestões, recentemente propus algumas reflexões (em parte reproduzidas nestas páginas) sobre a relação entre cultura popular e cultura de elite na construção dos modelos alimentares nas sociedades tradicionais europeias e em particular na Itália medieval (cf. *Cucina povera, cucina ricca* [Cozinha pobre, cozinha rica], em *Quaderni medievali* [Cadernos medievais], nº 52, 2001, pp. 95-105, reeditado com pequenas modificações, com o título *La cucina escritta come fonte per lo studio della cucina orale* [A cozinha escrita como fonte para o estudo da cozinha oral], em *Food and History* [Comida e História], nº 1, vol. 1, 2003, pp. 251-259).

Sobre a reabilitação da natureza no modelo alimentar dos eremitas, escrevi em "Vegetazione e alimentazione" [Vegetação e alimentação], em *L'ambiente vegetale nell'alto Medioevo* [O ambiente vegetal na alta Idade Média], Spoleto, Fundação Cisam, 1990, pp. 281-322.

Sobre a importância simbólica das técnicas de cozimento como eixo culturalmente significativo das atividades de cozinha, deve-se ler o pequeno, mas fundamental, ensaio de Claude Lévi-Strauss, *Le triangle culinaire* [O triângulo culinário], publicado em "L'Arc", nº 26, 1965, pp. 19-29 (e reeditado agora em *Food and History*, nº 2, vol. 1, 2004, pp. 9-19), depois revisado e ampliado no mencionado trabalho *L'origine des manières de table* [As origens das boas maneiras à mesa] (1968). No meu *A fome e a abundância,* sugeri uma possível utilização desses esquemas antropológicos por parte do historiador, com referência à biografia de Carlos Magno, que também nestas páginas é amplamente utilizada. Uma interessante "releitura" de Lévi-Strauss à luz do desenvolvimento histórico da cozinha francesa foi realizada por Jean-Pierre Corbeau e Jean-Pierre Poulain, *Penser l'alimentation: entre imaginaire et rationalité* [Pensar a alimentação: entre imaginário e racionalidade], Toulouse, Privat, 2002, pp. 157-187 (do mesmo Poulain, destaco *Sociologies de l'alimentation* [Sociologia da alimentação], Paris, PUF, 2002, preparação e resenha crítica dos estudos sociológicos e antropológicos sobre o tema da cultura alimentar).

Sobre as relações entre gastronomia e dietética, são fundamentais os estudos de Jean-Louis Flandrin. Em particular, remeto (também pela sua maior acessibilidade ao leitor italiano) aos dois ensaios "Condimenti, cucina e dietetica tra XIV e XVI secolo" [Condimentos, cozinha e dietética entre os séculos XIV e XVI] e "Dalla dietetica alla gastronomia, o la liberazione della gola" [Da dietética à gastronomia, ou a liberação da gula], ambos em *Storia dell'alimentazione* [História da alimentação], organizado por Jean-Louis Flandrin e Massimo Montanari, Roma-Bari, Laterza, 1997, respectivamente nas pp. 381-395 e 534-551. Com referência mais específica à documentação italiana, retomei esses temas no volume (escrito a quatro mãos com Alberto Capatti) *La cucina italiana: storia di*

uma cultura [A cozinha italiana: história de uma cultura],
Roma-Bari, Laterza, 1999, pp. 145 e ss.

O prazer (e o dever) da escolha

As implicações culturais da natureza onívora do homem
(que, por si, comporta mecanismos de escolha na determinação dos modelos de consumo) foram analisadas
pelo sociólogo CLAUDE FISCHLER em seu livro *L'homnivore* [O
onívoro] (Paris, Odile Jacob, 1990), que também está traduzido para o italiano (*L'omnivoro: il piacre di mangiare
nella storia e nella scienza* [O onívoro: o prazer de comer
na história e na ciência], Milão, Mondadori, 1992).

"Estruturas do gosto" é uma noção elaborada e empregada por JEAN-LOUIS FLANDRIN em muitos trabalhos. Exemplar
de seu sistema de análise pode ser o ensaio *Il gusto e la
necessità* [O gosto e a necessidade], Milão, Il Saggiatore,
1994 (orig. francês *Le goût et la nécéssité: sur l'usage
des graisses dans les cuisines d'Europe occidentale*, em
Annales ESC, nº XXXVIII, 1983, pp. 369-401).

Sobre cozinha medieval se escreveu muito nos últimos
anos, às vezes para reconhecer nela as raízes, verdadeiras ou supostas, da nossa cultura, às vezes para eviden-
ciar sua alteridade em relação aos modelos atuais. Um
bom quadro de conjunto é o recente trabalho de BRUNO
LAURIOUX, *Manger au Moyen Age* [Comer na Idade Média],
Paris, Hachette, 2002. Em língua italiana, o melhor

guia à leitura

ponto de referência permanece *A tavola nel medioevo* [À mesa na Idade Média], de ODILE REDON, FRANÇOISE SABBAN e SILVANO SERVENTI, Roma-Bari, Laterza, 1994 (orig. francês *La gastronomie au Moyen Age*, Paris, Stock, 1993). Para um enquadramento de longo período da cozinha medieval no modelo social, civil e cultural italiano, deve-se ler CAPATTI e MONTANARI, *La cucina italiana*, cit.

O antropólogo americano MARVIN HARRIS, que citei com referência específica ao volume *Buono da mangiare: enigmi del gusto e consuetudini alimentari* [Bom para comer: enigmas do gosto e hábitos alimentares], Turim, Einaudi, 1990 (orig. inglês *Good to eat: Riddles of food and culture*, Nova York, Simon and Schuster, 1985), é mestre de uma corrente de estudos, bastante difundida nos Estados Unidos, que se opõe às tendências "culturalistas" de grande parte da antropologia europeia (basta citar MARY DOUGLAS, *Purity and Danger*, Harmondsworth, Penguin Books, 1970, tradução italiana *Purezza e pericolo* [Pureza e perigo], Bolonha, Il Mulino, 1975), uma vez que baseia as próprias análises sobre pressupostos não de natureza simbólica, mas econômica e funcionalista. São posições indubitavelmente estimulantes, mesmo se o rigor materialista paradoxalmente acaba por desaguar em um tipo de metafísica. Sobre as posições de Harris, propus algumas reflexões críticas em *Il gusto e l'abitudine* [O gosto e o hábito], em *Quaderni Medievali*, nº 30, 1990, pp. 120-121.

JACQUES LE GOFF foi um dos primeiros a sublinhar a importância dos comportamentos alimentares como sinal de

comida como cultura

identidade e de diferença na sociedade medieval. Veja-se, para começar, *La civiltà dell'occidente medievale* [A civilização do Ocidente medieval], Turim, Einaudi, 1981 (orig. francês *La civilisation de l'Occident médieval*, Paris, Arthaud, 1964), pp. 250 e ss. Reelaborando essas sugestões, desenvolvi o argumento em *L'alimentazione contadina nell'alto Medioevo* [A alimentação camponesa na alta Idade Média], Nápoles, Liguori, 1979, e em *Alimentazione e cultura nel Medioevo* [Alimentação e cultura na Idade Média], Roma-Bari, Laterza, 1988.

Sobre a conotação histórica, portanto mutável, dos ideais de beleza do corpo, retomei as considerações já feitas em *A fome e a abundância*. Os estudos a propósito não são muitos, mas quero assinalar pelo menos Arthur Marwick, *Beauty in History*, Londres, Thames and Hudson, 1988 (tradução italiana *Storia sociale della bellezza* [História social da beleza], Milão, Leonardo, 1991), ensaio com propósitos também divulgadores centrado na Idade Moderna, e Valerio Neri, *La bellezza del corpo nella cultura classica e cristianesimo* [A beleza do corpo na cultura clássica e cristianismo], Bolonha, Pàtron, 2004, exemplar aprofundamento documental sobre um âmbito histórico-cultural determinado. Veja-se depois o recentíssimo *Storia della bellezza* [História da beleza], organizado por Umberto Eco, Milão, Bompiani, 2004.

A obra-prima de Marc Bloch, *La société féodale*, I-II, Paris, Albin Michel, 1939-1940 (tradução italiana *La società feudale* [A sociedade feudal], Turim, Einaudi, 1949), sempre se relê com proveito, pela insuperável capacidade de narrar a história em termos globais, de enxertar o "privado" no "público" e o "público" no "privado", de apanhar os vínculos entre instituições e sociedade, poder e imaginário, política e estilos de vida. Uma lição de método e de sensibilidade histórica à qual, mesmo se tratando de alimentação, é sempre útil fazer referência.

O vínculo entre "gostos" (ou, pelo menos, comportamentos) alimentares e cultura científica, não apenas dietética, mas também filosófica e naturalista, foi aprofundado sobretudo por Allen J. Grieco, na tese de doutorado *Classes sociales, nourriture et imaginaire alimentaire en Italie (XVI e XV siècles)* [Classes sociais, comida e imaginário alimentar na Itália], Paris, École des Hautes Études en Sciences Sociales, 1987, e em vários estudos específicos, que aguardam uma organização de conjunto. Nesse meio-tempo, pode-se ler o ensaio "Alimentazione e classi sociali nel tardo Medioevo e nel Rinascimento in Itália" [Alimentação e classes sociais na tarda Idade Média e no Renascimento na Itália], em *Storia dell'alimentazione*, cit., pp. 371-380.

Sobre o tema do calendário e do ritualismo alimentar vinculado à passagem do tempo, são fundamentais as reflexões de Piero Camporesi, que por décadas se dedicou a estudar múltiplos aspectos da cultura alimentar, movendo-se no campo dos estudos filológicos e literários em busca de textos "menores" e de traços, no seu interior, da cultura oral e popular. Entre os numerosos

comida como cultura

trabalhos de Camporesi, recomendo pelo menos a leitura do pequeno, mas denso, *Alimentazione folclore società* [Alimentação, folclore, sociedade], Prama, Pratiche, 1983. Ali se encontrarão também as notas sobre PELLEGRINO ARTUSI, já publicadas como introdução à edição einaudiana da *Scienza in cucina* [Ciência na cozinha] (Turim, 1970).

Que a "cozinha de território" tenha se tornado recentemente (digamos, no curso dos últimos dois séculos) um valor positivo mais que negativo, como tradicionalmente era percebida, foi mostrado pelos ensaios de JULIA CSERGO e de PIERO MELDINI, dedicados a *L'emergere delle cucine regionali* [A emergência das cozinhas regionais], respectivamente na França e na Itália: cf. *Storia dell'alimentazione*, cit., pp. 643-657 e 658-664. Ali, pp. 679-703, as considerações finais dos organizadores FLANDRIN e MONTANARI, intituladas *Oggi e domani* [Hoje e amanhã], que retomam a ideia na perspectiva de uma difícil, mas potencialmente frutífera, dialética entre globalismo e localização alimentar. É evidente, de fato, que a atenção ao local avança *pari passu* com o processo de distribuição sobre o território, sobre o qual se pode ler, para começar, o breve ensaio de GRETEL H. e PERTTI J. PELTO, "Alimentazione e delocalizzazione: i cambiamenti nel regime alimentare dopo il 1750" [Alimentação e distribuição sobre o território: as mudanças no regime alimentar após 1750], em *A fome e a abundância,* organizado por ROBERT I. ROTBERG e THEODORE K. RABB, Roma, Riuniti, 1987 (orig. inglês *Hunger and History*, Cambridge, Cambridge University Press, 1985),

guia à leitura

pp. 307-327. Sobre o "comer geográfico" como tendência atual também insiste JEAN-ROBERT PITTE, "Geography of Taste between globalization and local roots" [Geografia do sabor entre a globalização e costumes locais], em *Food and Environment. Geographies of taste* [Comida e meio ambiente. Geografias do sabor], organizado por ARMANDO MONTANARI, Roma, Società Geografica Italiana, 2002, pp. 11-28 (ali, nas pp. 29-32, o meu *From the Geography of Taste to the Taste for Geography* [Da geografia do gosto ao gosto pela geografia]). Sobre a dinâmica global/local na civilização do consumo, deve-se ler ROBERTA SASSATELLI, *Consumo, cultura e società* [Cultura, consumo e sociedade], Bolonha, Il Mulino, 2004, pp. 213 e ss.

Comida, linguagem, identidade

Sobre a prática do convívio, ou seja, sobre o comer junto, como dado característico da cultura humana e como premissa "técnica" para a elaboração de significados e de valores de comunicação nos modelos de consumo e de comportamento alimentar, remeto ao meu *Convivio: storia e cultura dei piaceri della tavola* [Convívio: história e cultura dos prazeres da mesa], Roma-Bari, Laterza, 1989, sobretudo a introdução ("Mangiare, vivere insieme" [Comer, viver junto]), pp. vii-xxiv.

A dialética entre "substância" e "circunstância" na definição dos consumos alimentares foi analisada por

comida como cultura

Roland Barthes no ensaio "Pour une psyco-sociologie de l'alimentation contemporaine" [Por uma psicossociologia da alimentação contemporânea], em *Annales ESC*, nº XVI, 1961 (depois em *Pour une histoire de l'alimentation* [Por uma história da alimentação], organizado por Jean-Jacques Hémardinquer, Paris, Colin, 1970, pp. 307-315).

A analogia entre comida e linguagem foi proposta pela primeira vez de modo orgânico por Claude Lévi-Strauss já na *Anthropologie structurale*, Paris, Plon, 1958 (tradução italiana *Antropologia strutturale* [Antropologia estrutural], Milão, Il Saggiatore, 1966), e depois, mais analiticamente, nos volumes citados das *Mythologiques* [Mitológicas] ele desenhou a estrutura dos sistemas alimentares paralelamente e em analogia aos sistemas linguísticos. A tentativa de reelaborar historicamente tais modelos, que apresento nesse contexto, nasce de uma reflexão sobre a Idade Média (*Il cibo come linguaggio* [Comida como linguagem]) apresentada no 52º Convegno del Centro italiano di studi sull'alto Medioevo, *Comunicare e significare nell'alto medioevo* [52º Encontro do centro italiano de estudos sobre a alta Idade Média, *Comunicar e significar na alta Idade Média*], Spoleto, 2004, em cujos *Atti* [Autos] logo será publicada.

Os mecanismos de "substituição" e de "incorporação" dos produtos nos sistemas alimentares são amplamente ilustrados, em todo o percurso da história europeia medieval e moderna, em meu *A fome e a abundância*. O trabalho de Lucie Bolens sobre a relação entre práticas cotidianas e

guia à leitura

saber científico nos períodos de carestia é "Pain quotidien et pain de disette dans l'Espagne musulmane" [Pão cotidiano e pão de miséria na Espanha muçulmana], em *Annales ESC*, n. XXXV, 1980, pp. 462-476 (reeditado no apêndice em Ead, *Agronomes andalous du Moyen-Age* [Agrônomos andaluzes da Idade Média], Genebra, Droz, 1981). Uma ampla coleção de crônicas medievais relativas a épocas de carestia pode ser encontrada em Fritz Curschmann, *Hungersnöte im Mittelalter* [Fome na Idade Média], Paris, 1900. a extraordinária habilidade das sociedades humanas de aproveitar cada mínimo recurso ambiental, elaborando práticas e saberes voltados à sobrevivência diária, é objeto de um clássico da história da alimentação ainda não superado, produzido no âmbito da pesquisa etnográfica: Adam Maurizio, *Histoire de l'alimentation végétale depuis la préhistoire jusqu'à nos jours* [História da alimentação vegetal da pré-história aos nossos dias], Paris, Payot, 1932 (traduzido do original polonês).

O tema da identidade (social, econômica, étnica, religiosa, etc.) expressa nos comportamentos alimentares desses últimos anos esteve no centro de numerosos estudos, encontros e publicações. Duas interessantes compilações são *Food, drink and identity: Cooking, eating and drinking in Europe since the Middle Ages* [Comida, bebida e identidade: cozinhar, comer e beber na Europa desde a Idade Média], organizado por Peter Scholliers, Oxford-Nova York, Berg, 2001; *Histoire et identities alimentaires en Europe* [História e identidades alimentares na Europa], organizado por Martin Bruegel e Bruno Laurioux, Paris, Hachette, 2002. Ainda a identidade, entendida como elemento dinâmico plasmado e replasmado pelo fluir da história por meio das trocas entre culturas diversas, é o foco temático do volume *Il mondo in cucina: storia, identità, scambi* [O mundo na cozinha: história, identidade, trocas], organizado por Massimo Montanari, Roma-Bari, Laterza, 2002, cujo título pretende sugerir não apenas "como se exprimem as diversas culturas do mundo nos hábitos de cozinha", mas também "como as cozinhas, todas as cozinhas, são fruto de trocas culturais e, de algum modo, contêm em si o mundo". O trabalho de Louis Stouff, ao qual se fez referência é *La table provençale* [A mesa provençal], Avignon, A. Barthélemy, 1996.

Sobre o "mito das origens", Marc Bloch escreveu páginas como sempre fundamentais: *Apologie por l'histoire ou métier d'historien*, organizado por Lucien Febvre, Paris, Armand Colin, 1949 (tradução italiana *Apologia della storia o Mestiere di storico* [Apologia da história ou ofício de historiador], Turim, Einaudi, 1950). Dessa pequena obra-prima, foi proposta em 1993, pela Colin, uma nova edição crítica organizada por Étienne Bloch (tradução italiana, Turim, Einaudi, 1998).